365 Tage Fußball

Unvergessene Spiele, legendäre Spieler und
die besten Fußballersprüche für jeden Tag

3. Juli

Am Spielfeldrand war Diego
Maradona in seinem bis fast zum
Zerreißen gespannten grauen
Anzug den Tränen nah: Argentinien hatte das WM-Viertelfinale
gegen Deutschland zur Revanche für die Niederlage 1990 aus-
gerufen, doch dann erlebten die
Südamerikaner ein Debakel der
umwerfenden Sorte: 0:4 in Kap-
stadt, die entfesselten Deutschen
demontierten ihren bemitleidens-
werten Gegner nach allen Regeln
der Kunst. Allein das Solo von
Schweinsteiger vor dem 3:0
durch Arne Friedrich war ein
Kleinod, das Maradona und
Messi nicht schöner auf den
Rasen hätten zaubern können.

2. Juli

Endlich, der Fluch ist gebannt: Nach so vielen Dramen, epischen Niederlagen und bitteren Tränen gewinnt Deutschland in einem großen Turnier gegen Italien. Natürlich kommt auch das Viertelfinale bei der EM 2016 in Frankreich nicht ohne einen Showdown aus, der im Gedächtnis haften bleibt. Das Team setzt sich im Elfmeterschießen durch, weil der Gegner – man höre und staune – Nerven zeigt. Egal, Hauptsache geschafft, denken die Deutschen, und der »Kicker« schnauft hörbar durch: »Den Fluch gebannt, den Titel vor Augen.« Doch da irrte das Fachblatt. Im Halbfinale war gegen Frankreich Schluss.

4. Juli

Darüber, wie die deutsche Nationalmannschaft beim WM-Finale
1954 die für unbesiegbar ge-
haltenen Ungarn mit 3:2 schlug,
sind Bücher geschrieben und
Filme gedreht worden. Weil
diese 90 Minuten viel mehr waren
als ein Fußballspiel. Das Wunder
von Bern half entscheidend,
einem unter Kriegsschuld und
Kriegsfolgen leidenden Volk
ein neues Wir-sind-wieder-wer-
Gefühl zu vermitteln. Was diese
Begegnung beim Gegner aus-
löste, darüber berichtete fast
niemand: Das Wunderteam
zerbrach, von den Folgen dieser
epochalen Niederlage sollte
sich Ungarns Fußball nie wieder
erholen.

1. Juli

Am 1. Juli 1904 wurde der Verein
Bayer Leverkusen gegründet,
der sich in Deutschland längst
den Beinamen »Vizekusen«
erworben hat, weil er so oft als
Zweiter über die Ziellinie ging.
Immer wieder wurden Finalspiele
verloren, im Jahr 2000 entschied
ein Eigentor von Michael Ballack
am letzten Spieltag in Unter-
haching über den Gewinn der
Meisterschaft zugunsten von
Bayern München. »Second Place
is first Loser«, sagen die Amerika-
ner zu einem solchen Schicksal.
Leverkusens ehemaliger Stürmer
Erik Meijer fand noch viel
schönere Worte: »Es ist nichts
scheißer als Platz zwei!«

5. Juli

Hennes Weisweiler (geboren
am 5. Dezember 1919 in Erft-
stadt, gestorben am 5. Juli 1983
in Zürich) war ein knorriger Kerl,
der trotz seiner ausgeprägten
rheinischen Fröhlichkeit auch
autoritär und aufbrausend sein
konnte. Der Startrainer, der in
Mönchengladbach, Köln und
Barcelona Erfolge feierte, erklärte
eine der Grundregeln des Fußballs, indem er seinen genialen
Spielmacher Günther Netzer
anzählte: »Abseits ist, wenn
das lange Arschloch mal wieder
zu spät abspielt.«

30. Juni

Das Bild ging um die Welt: Ein Torwart kauert am Pfosten, ein Häufchen Elend. Niemand kann ihn trösten, niemand kann ermessen, wie tief der Schmerz sitzt. Ausgerechnet Oliver Kahn hatte im WM-Finale von 2002 gegen Brasilien den Ball fallen lassen und hatte damit die Niederlage mitverschuldet. Dabei hatte der Keeper doch durch all seine Paraden, Reflexe und mutigen Rettungstaten erst dafür gesorgt, dass die bieder aufspielende deutsche Mannschaft überhaupt so weit gekommen war. Das alles zählte nun nichts mehr, weil die Krönung der Karriere auch durch seinen Fehlgriff ausgeblieben war.

6. Juli

Wie hoch Herbert Erhardt als
Profi gehandelt wurde, lässt
sein Wechsel 1962 von seinem
Stammverein Spielvereinigung
Fürth zum damaligen Zweit-
ligisten Bayern München erahnen:
»50.000 Mark Handgeld waren
damals sehr viel Geld, davon
habe ich mir ein Haus gebaut.
Die Verhältnisse bei den Bayern
waren mit denen in Fürth nicht
zu vergleichen. Bei der Spielvereinigung hatte ich 320 Mark
Grundgehalt mit vielleicht
200 Mark Prämien, in München
1500 Fixum plus Prämien.«
Zudem musste Erhardt in
München nicht arbeiten,
»wir waren praktisch Profis«.

29. Juni

Als England bei der EM 2016 gegen Island ausschied, ergossen sich auf der Insel Hohn und Spott über das Team. Das gab es 1950 schon einmal. In Brasilien nahm England erstmals an einer WM teil. Die ersten drei Titelkämpfe zwischen 1930 und 1938 hatte England in der Überzeugung ignoriert, das Spiel erfunden zu haben. Weshalb also vergleichen mit dem minderbegabten Rest der Welt? Und dann schoss der Student Joseph Gaetjens in Belo Horizonte für die USA das Tor des Tages. Wayne Rooneys Vorfahren durften erstmals erleben, wie es sich anfühlt, wenn man in der Heimat zum Gespött wird.

7. Juli

Holland mit seinen unwiderstehlichen Stars Cruyff und Neeskens, das war die überragende Mannschaft der WM 1974. Dass mit Deutschland am Ende das schlechtere Team das Finale gewann, galt lange als Gewissheit, bis ausgerechnet ein Holländer den Gegenbeweis antrat. Gerard Sierksma, Professor an der Rijksuniversiteit Groningen, legte die Ergebnisse einer Studie vor: Bei der Zahl der Ballkontakte, der Qualität der Pässe oder dem Abwehrverhalten ergaben sich klare Tendenzen, die Sierksma wie folgt zusammenfasste: »Deutschland war besser.«

28. Juni

Sie nannten ihn den »kleinen Prinzen«, er war ein begnadeter Dribbler, wie man ihn bei Borussia Dortmund seit den seligen 60ern nicht mehr erlebt hatte. Mit Stephane Chapuisat (geboren am 28. Juni 1969 in Lausanne) begann beim BVB die Moderne. Der Schweizer Edeltechniker war wie eine Verheißung auf erfolgreichere Tage, die dann tatsächlich kamen und mit dem Champions-League-Triumph 1997 gekrönt wurden. Chapuisat war der erste ausländische Profi, dem in der Bundesliga mehr als 100 Treffer gelangen.

8. Juli

Die Szene geht um den Globus:
Am 8. Juli 1990 feiert ganz
Deutschland, in einer lauen
Sommernacht im Olympiastadion von hat sich die Nationalmannschaft gerade durch den
1:0-Sieg über Argentinien zum
Weltmeister gekürt. Ein Land, in
dem gerade die Mauer gefallen
ist, rastet aus, es herrscht kollektive Ekstase. Nur einer macht
nicht mit. Irgendwann entdeckt
der erste Kameramann Franz
Beckenbauer. Der Teamchef
schreitet in sich versunken durch
den Mittelkreis. Der »Kaiser«
suchte die Einsamkeit und
fand sie dort, wo sonst das
Spielgeschehen tobt.

27. Juni

Wembley die Zweite – aber dieses Mal waren die Engländer die Leidtragenden: Paul Lampard schnappte sich beim WM-Achtel-finale 2010 im südafrikanischen Bloemfontain den Ball, knallte ihn an die Unterkante der Latte, von wo er nach unten sprang. Eindeutig hinter die Linie, wie die Fernsehbilder dokumentierten. Doch der Schiedsrichter gab den Treffer nicht. Lamentieren mochte der Verlierer darüber nicht, weil er beim 1:4 von den Deutschen dermaßen düpiert worden war, dass keine Beschwerden mehr halfen. »Es war die süße Rache der besten Mannschaft«, schrieb »El Mundo«.

9. Juli

Der Ball segelt in den Strafraum, wo Jordan Letschkow (geboren am 9. Juli 1967 in Straldja, Bulgarien) zum Kopfball hochsteigt. An seiner Seite befindet sich Thomas Häßler, der alles daransetzt, den Bulgaren an seinem Vorhaben zu hindern. Dass ausgerechnet Deutschlands Kleinster als letzte Instanz agieren musste, sagt viel über die WM 1994, bei der sich Titelverteidiger Deutschland am 10. Juli gegen Bulgarien im Viertelfinale von New York unehrenhaft verabschiedete.

26. Juni

Auf der einen Seite der Weltmeister, dem der scheidende Teamchef Franz Beckenbauer am Tag des WM-Triumphs von Rom mitgegeben hatte, dieses Team sei nach der Wiedervereinigung auf Jahre hinaus unschlagbar. Auf der anderen Seite die Urlauber aus Dänemark, die quasi in Badelatschen zur EM nach Schweden gekommen waren, weil das Team aus Jugoslawien aufgrund des Bürgerkrieges aus dem Wettbewerb genommen worden war. Was sollte da schiefgehen? Alles! Die Dänen erwischten beim EM-Finale 1992 einen Sahnetag, die Deutschen bekamen nichts gebacken. 2:0!

10. Juli

Der Fußball und auch der Blick auf seine Protagonisten können ganz schön grausam sein. Zum Beispiel bei Mario Gomez: Der Stürmer (geboren am 10. Juli 1985 in Riedlingen) hat in seiner Karriere so viele Tore geschossen, aber im kollektiven Gedächtnis ist jene Chance geblieben, die er bei der EM 2008 im Spiel gegen Österreich versiebte. Nach vier Minuten spielt Miroslav Klose den Ball scharf in die Mitte, Gomez stand drei Meter vor dem Tor völlig frei und schaffte es, den Ball nicht im Tor unterzubringen. Ein Kunststück, das wesentlich schwerer war, als das Spielgerät zu versenken.

25. Juni

Er war der gefeierte Held, weil
er mit seinem Treffer dafür sorgte,
dass Deutschland das WM-Halb-
finale am 25. Juni 2002 gegen
Südkorea mit 1:0 gewann und
ins Endspiel einzog. Er war der
tragische Held, weil er sich
in ebendieser Begegnung die
Gelbe Karte einhandelte, die ihn
beim Finale zum Zuschauer
machte. Es war eine Situation,
die symptomatisch war für
Ballacks Karriere: Über viele Jahre
war er der beste Spieler einer
deutschen Mannschaft, deren
Talent überschaubar war.
Doch die Krönung, die blieb
ihm versagt.

11. Juli

Die Schande von Gijon, als sich Deutschland und Österreich zum Leidwesen von Algerien auf einen beschämenden Nicht-angriffspakt einigten und damit das Fair Play mit Füßen traten. Das brutale Foul von »Toni« Schumacher an seinem Gegen-spieler Battiston im Halbfinale gegen Frankreich und all die Exzesse im Trainingslager: Nie hatte es eine Mannschaft weniger verdient, Weltmeister zu werden als Deutschland 1982 in Spanien. Und siehe da: Der Fußballgott hatte ein Einsehen. Das Finale im Bernabeu Stadion von Madrid gewann Italien und sorgte bei der Fußballwelt für Genugtuung.

24. Juni

Als Deutschland und Schweden am 24. Juni 1958 im WM-Halb-finale aufeinandertrafen, ahnte niemand, dass diese Partie zu diplomatischen Verwerfungen führen sollte: Nach der 1:3-Nieder-lage beschwerten sich die Deut-schen massiv über das Publikum, die überharte Gangart des Gegners und die Spielführung des ungarischen Schiedsrichters Istvan Zsolt. Nach der Niederlage ver-weigerten die Deutschen die Teilnahme am Abschlussbankett, ein Hamburger Restaurant nahm die »Schwedenplatte« von der Spe sekarte, und an Tankstellen bekamen Fahrzeuge mit schwedischem Kennzeichen keinen Kraftstoff.

12. Juli

Was war eigentlich los mit Ronaldo am 12. Juli 1998? Um die Befindlichkeiten des Superstars vor und beim WM-Finale ranken sich Legenden: Zunächst stand Ronaldo nicht auf dem Spielberichtsbogen, lief dann aber doch auf, war aber nur ein Schatten seiner selbst. Wie ein Geist irrte er über das Spielfeld, 0:3 geht Brasilien gegen die von Zinédine Zidane angeführten Franzosen unter. Warum spielte »O Fenomeno«, obwohl er offensichtlich nicht im Vollbesitz seiner Kräfte war? Hatte Sponsor Nike ihn gezwungen? Hatte die Wettmafia die Hände im Spiel? Bis heute ist das Rätsel nicht gelöst.

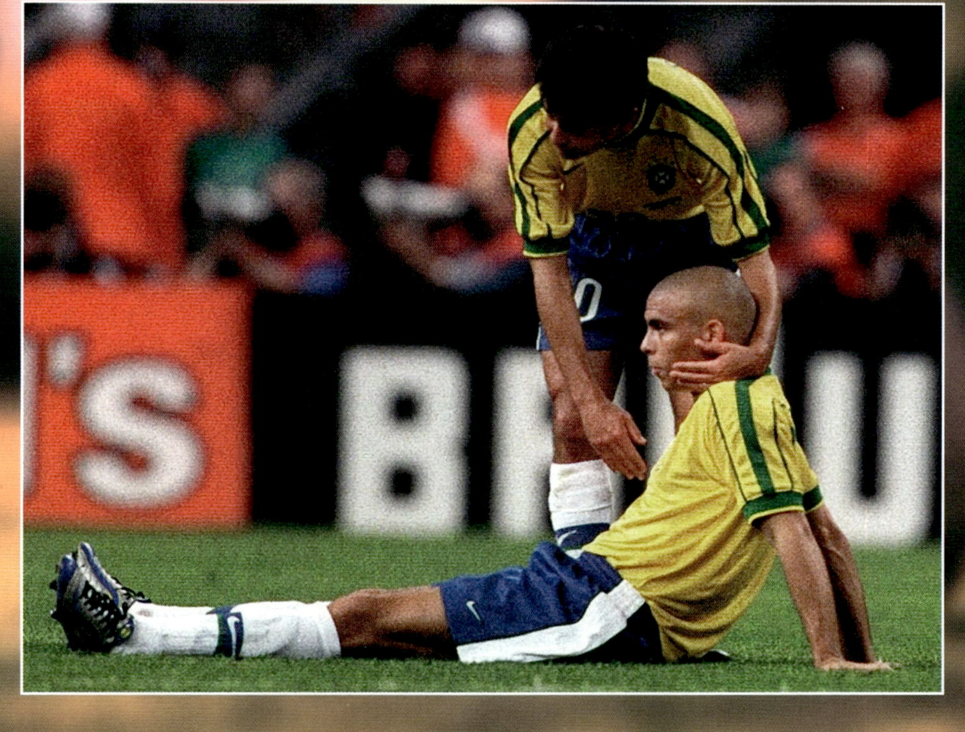

23. Juni

Italiens Nationaltrainer Cesare Maldini sagte einst: »Ich gäbe fünf Spieler ab, um Zidane in meiner Mannschaft zu haben.« Zinédine Zidane (geboren am 23. Juni 1972) war mit seiner Eleganz, seinem technischen Vermögen und seinem strategischen Geschick eine Augenweide. Aber er war auch ein echter Heißsporn, der in seiner Karriere unglaubliche 15 Rote Karten kassierte. Die spektakulärste im WM-Finale 2006, als er sich vom Italiener Marco Materazzi zu einem Kopfstoß provozieren ließ (rechts das TV-Bild davon), der ihn mindestens ebenso berühmt machte wie alle seine Tore und Pässe zusammen.

13. Juli

Den 22 Akteuren auf dem Spielfeld dürfte kein bisschen bewusst gewesen sein, dass sie am 13. Juli 1930 eine neue Zeitrechnung im Fußball einleiten würden. Die Fußballer aus Mexiko und Frankreich trafen in Uruguays Hauptstadt Montevideo im Estadio Pocitos vor exakt 4444 Schaulustigen nicht in irgendeinem Länderspiel aufeinander – es war die erste WM-Begegnung überhaupt. Die Franzosen gewannen locker-flockig mit 4:1, als erster WM-Torschütze ist Lucien Laurent in den Geschichtsbüchern verewigt. Das Foto zeigt die französische Nationalmannschaft bei der Überfahrt nach Südamerika.

22. Juni

Deutschland West gegen
Deutsch-land Ost, dieses politisch
und emotional aufgeladene
Treffen bei der WM 1974 in
Hamburg wird für immer mit
dem Namen des Siegtorschützen
verbunden bleiben. Jürgen
Sparwasser: »Wenn auf meinem
Grabstein später nur ‚Hamburg
1974‘ stünde, dann wüsste jeder,
wer darunter liegt.« Das Tor in
der 78. Minute macht Sparwasser
unsterblich. Im DDR-Fernsehen
sagt Heinz-Florian Oertel nüchtern:
»Eine meisterliche Aktion.«

14. Juli

Dass Fußball weit mehr ist als ein heiterer Zeitvertreib von 22 lauffreudigen Gesellen, haben zahlreiche Protagonisten betont. Im Falle der Länder Honduras und El Salvador mündete das Spiel 1969 sogar in den sogenannten »Fußballkrieg«. Bei einem Qualifikationsspiel zur WM 1970 in Mexiko war es zu Ausschreitungen mit Todesopfern gekommen, die dann auf dem Schlachtfeld weitergeführt wurden. Die Bilanz nach fünf Tagen Krieg mit dem Einsatz von Luft- und Bodentruppen: 2100 Tote.

WM 1978, Cordoba: Das entscheidende 3:2 durch Hans Krankl schilderte Reporter Edi Finger mit unvergleichlichem Pathos: »Da kommt Krankl in den Strafraum – Schuss … Tooor, Tooor, Tooor, Tooor, Tooor, Tooor! I wer' narrisch. Krankl schießt ein – 3:2 für Österreich! Meine Damen und Herren, wir fallen uns um den Hals; der Kollege Rippel, der Diplom-Ingenieur Posch – wir busseln uns ab. 3:2 für Österreich durch ein großartiges Tor unseres Krankl. Er hat olles überspielt, meine Damen und Herren. Und warten's noch ein bisserl, warten's no a bisserl; dann können wir uns vielleicht ein Vierterl genehmigen.«

15. Juli

Am 15. Juli 1848 wurde der TSV 1860 München erstmals gegründet, nach einem Verbot dann im Jahre 1860 erneut aus der Taufe gehoben und hat seitdem seinen Namen. In seiner Blütezeit holte der Klub 1964 den DFB-Pokal, zog 1965 ins Endspiel um den Europapokal der Pokalsieger ein und wurde 1966 Deutscher Meister. Heute macht der Verein nur noch als eine der größten Skandalnudeln im deutschen Fußball Schlagzeilen. »Ich bin der einzige Mensch, der beim TSV 1860 zum Millionär wurde. Vorher war ich Milliardär«, sagte der Bauunternehmer Karl Heckl, der dem Klub von 1984 bis 1988 als Präsident vorstand.

Vom EM-Finale 1976 blieben
zwei Szenen im öffentlichen
Gedächtnis: Uli Hoeneß, der an-
läuft und den Ball vom Elfmeter-
punkt weit über die Querlatte
donnert. Und Antonin Panenka,
der es beim entscheidenden
Strafstoß für die CSSR so viel
besser macht: Anstatt den Ball
aufs Tor zu dreschen, wählt er
einen solch provozierend lässigen
Schlenzer in die Mitte, dass der
in die Ecke hechtende Sepp
Meier nur noch hinterherschauen
kann. Panenkas Kabinettstück
ist oft kopiert worden, erreicht
wurde es in dieser Kunstfertig-
keit nie wieder.

16. Juli

Am 7. März 1983 kam Lutz Eigendorf (geboren am 16. Juli 1956 in Brandenburg an der Havel) bei einem Autounfall in Braunschweig ums Leben. Eigendorf hatte sich im Frühjahr 1979 in die Bundesrepublik abgesetzt. Obwohl Beweise hierfür fehlen, nährten die nicht restlos geklärten Umstände des Unfalls den Verdacht, Eigendorf sei vom Ministerium für Staatssicherheit (MfS) ermordet worden. Der Schriftsteller Heribert Schwan, der in der Causa Lutz Eigendorf recherchierte und ein Buch mit seinen Erkenntnissen veröffentlichte, vertritt diese These und glaubt, reichlich Indizien gefunden zu haben.

19. Juni

Die Erfolgsgeschichte von Werder Bremen erstaunt: Vier Deutsche Meisterschaften, sechs Pokalsiege und als Krönung der Gewinn des Europapokals der Pokalsieger 1992, das sind die Belege dafür, dass es auch funktionieren kann, wenn man nicht permanent mit dem Scheckheft wedelt. In der ewigen Tabelle der Bundesliga wird Werder hinter den Bayern und dem BVB auf Rang drei geführt, vor Vereinen aus größeren Städten mit mehr Möglichkeiten wie Köln, Frankfurt, Stuttgart, Berlin und Hamburg. Bei Werder Bremen sind sie sich immer treu geblieben: Sie führen ihren Verein mit hanseatischem Kalkül.

17. Juli

Viele betrachten die TSG 1899 Hoffenheim mit Argwohn, sie sei in erster Linie ein Kunstprodukt von Gnaden des Milliardärs Dietmar Hopp. Doch im Februar 2016 durften die Hoffenheimer für sich ein Alleinstellungsmerkmal propagieren: Der Verein machte Julian Nagelsmann zu seinem Trainer. Mit gerade mal 28 Jahren wurde der Bayer damit zum jüngsten Chef, der jemals in der Bundesliga auf der Bank gesessen hatte. Der »Bubitrainer«, wie er vom Boulevard getauft wurde, rettete seinen Klub vor dem Abstieg und führte ihn in der Saisonabschlusstabelle 2016/17 auf den vierten Platz.

18. Juni

Im Weltfußball wurde Deutschland stets für Disziplin, Härte und Effizienz geachtet, geliebt wurde die Fußballnation für ihre Darbietungen nie. Bis das Land im Frühsommer 1972 seine andere Seite zeigte: Technisch anspruchsvoll, leichtfüßig, elegant – so eroberte die DFB-Elf, angeführt von den beiden genialen Strategen Netzer und Beckenbauer, die Herzen des Kontinents im Sturm. Der emotionale Höhepunkt war der Sieg in Wembley, die Krönung der locker herausgespielte 3:0-Sieg im Endspiel gegen die UdSSR.

18. Juli

Kaum einer kennt seinen Namen
und seine Geschichte, dabei gilt
Arthur Friedenreich als einer der
besten Fußballer der Geschichte.
Sein Pech war, dass der Ausnahmekönner, dessen Vater Kauf-
mann war und aus Deutschland
nach Brasilien auswanderte, das
Licht der Welt zu früh erblickte.
Zu einem Zeitpunkt, als Fußballer
noch keine Weltstars waren.
Heute würde Friedenreich mit
seiner Kunst Millionen scheffeln.
Der Stürmer erzielte während
seiner Laufbahn sagenhafte
1329 Tore und damit 49 mehr als
Pelé). Damit gilt Arthur Friedenreich als der Spieler, der die
meisten Tore in seiner Karriere
geschossen hat.

17. Juni

»Ausgerechnet Schnellinger«, schrie ARD-Reporter Ernst Huberty in sein Mikrofon, als dem deutschen Manndecker in der letzten Minute des WM-Halbfinals von 1970 der Ausgleich gegen Italien gelang. Der Rheinländer betrat normalerweise nie die gegnerische Hälfte. Später verriet er, dass er beim Abpfiff einfach näher am Ausgang sein wollte, um der Gluthitze zu entkommen. Schnellinger und Kollegen mussten also Überstunden leisten und hinterließen das, was als »Spiel des Jahrhunderts« überlebte: fünf Tore in der Verlängerung, Italien gewann den irren Schlagabtausch mit 4:3.

19. Juli

An der WM 1966 nahmen die Amateure aus Nordkorea nur deshalb teil, weil die Afrikaner keine Lust hatten und sich Südkorea weigerte, in der Qualifikation gegen den verfeindeten Bruder anzutreten. Und dann das: Am 19. Juli trat der krasse Außenseiter in Middlesbrough gegen Italien an und sorgte für eine der größten Sensationen der Fußballgeschichte. Kurz vor der Pause schnappte sich Pak-Doo Ik – der sein Geld im wahren Leben als Zahnarzt verdiente – den Ball und versenkte ihn scharf und trocken im linken unteren Eck. Es war das Tor des Tages, Italien fuhr gedemütigt nach Hause.

16. Juni

In Mainz lieben sie ihren »Kloppo« (geboren am 16. Juni 1967 in Stuttgart) noch immer, in Dortmund würden sie am liebsten sämtliche Fußballplätze und Grundschulen nach ihm benennen, in Liverpool eroberte er die Herzen im Sturm, und als Experte im ZDF bestach er nicht in erster Linie durch seine fachliche Expertise, sondern durch Charme und Schlagfertigkeit. Jürgen Klopp hat etwas, was man nicht lernen kann. Es ist eine Gnade, Menschen einfangen und begeistern zu können. Das macht den geborenen Entertainer nicht nur zu einem erfolgreichen Trainer, sondern auch zur gefragten Werbe-Ikone.

20. Juli

»Gib mich die Kirsche« ist auch heute noch ein geflügeltes Wort im Ruhrgebiet. Geprägt hat es Lothar Emmerich, der 1966 das größte Jahr seiner Karriere erlebt: Mit Borussia Dortmund gewinnt der Vollblutstürmer den Europapokal der Pokalsieger, am 20. Juli gelingt ihm in Birmingham beim WM-Spiel gegen Spanien eines der schönsten Tore, das jemals erzielt wurde. Von der Außenlinie zieht »Emma« ab, der Ball fliegt aus unmöglichem Winkel über Torhüter Iribar hinweg und schlägt unhaltbar im hinteren Winkel ein. Ein wahres Kunstwerk, das danach dutzendfach beschrieben und analysiert wird.

15. Juni

Mit seinem brennenden Ehrgeiz
spaltete Oliver Kahn die Fußballanhänger: Die einen liebten diese
kompromisslose Attitüde, die
dem Erfolg alles unterordnete,
der Rest schüttelte verwundert
den Kopf. Kahn brüllte, gestiku-
lierte, würgte Mitspieler und
Gegenspieler, zeigte gemein-
gefährliche Kung-Fu-Tritte oder
biss seinem Gegenspieler Heiko
Herrlich in den Hals. Bei einem
Auswärtsspiel boxte Kahn den
Ball im Rostocker Strafraum mit
den Fäusten ins gegnerische
Tor, wofür er vom Platz flog.
Und nach einer Niederlage
schrieb er seinen Vorderleuten
wütend ins Stammbuch:
»Eier, wir brauchen Eier!«

21. Juli

Helmut Haller gehörte zu den Großen im deutschen Fußball. Ein toller Techniker und dazu noch enorm torgefährlich, das machte den Mann aus Augsburg auch für das Ausland interessant. Er wurde in Bologna sowie später bei Juventus Turin zwei Mal italienischer Meister und ein umjubelter Star. Im legendären Finale von Wembley hatte Haller das deutsche Team mit 1:0 in Führung geschossen und nach der dramatischen Verlängerung einfach den Spielball eingesackt. 30 Jahre später brachte er das kostbare Relikt auf die Insel zurück. Am 11. Oktober 2012 starb der an Demenz leidende Helmut Haller in seiner Heimatstadt.

14. Juni

Als Deutschland und England im Viertelfinale der WM 1970 aufeinandertrafen, sprach die ganze Welt von der Revanche für Wembley. Doch England dominierte und führte in der sengenden Hitze von León sicher mit 2:0, doch dann drehte sich das Spiel: Nach dem Anschluss von Beckenbauer kam der große Augenblick von Seeler: Der Hamburger reckte sich einer Flanke von Schnellinger entgegen und bugsierte den Ball mit dem Hinterkopf ins Tor. In der Verlängerung markierte Gerd Müller den Siegtreffer. Seitdem ist nichts mehr, wie es war – die Engländer fürchten die Deutschen.

22. Juli

Der 22. Juli 1919 war ein ausge-
sprochener Glückstag für den
1. FC Nürnberg: Nach einem Gast-
spiel des ungarischen Spitzen-
vereins MTK Budapest blieben
Linksaußen Péter Szabó und
Mittelstürmer Alfréd »Spezi«
Schaffer in Franken. Der Club
startete durch und holte seine
erste Deutsche Meisterschaft.
Es war der Beginn der goldenen
Ära des Traditionsvereins, der in
Deutschland Rekord-Titelhalter
war, bevor ihn der FC Bayern
München ablöste. Das Foto
zeigt die Halbzeitpause beim
Endspiel um die Deutsche
Meisterschaft 1922 zwischen
dem 1. FC Nürnberg und dem
Hamburger SV.

13. Juni

In der Bundesliga gehörte Erich Ribbeck (geboren am 13. Juni 1937 in Wuppertal) zu den Urgesteinen. Seine Trainerstationen waren Essen, Frankfurt, Kaiserslautern, Dortmund, Leverkusen und Bayern München. Im kollektiven Gedächtnis ist der stets adrett gekleidete Ribbeck jedoch als Trainer jener Nationalmannschaft geblieben, die bei der EM 2000 so schlimmen »Rumpelfußball« anbot, dass danach eine umfangreiche Strukturreform eingeleitet wurde. Nach dem frühen Aus urteilte Mario Basler gnadenlos: »Jetzt weiß man, dass Erich Ribbeck wirklich keine Ahnung von Fußball hat.«

23. Juli

Den Sieg gegen Italien begossen die Nobodys aus Nordkorea bei der WM 1966 in einem englischen Pub. »Wir werden uns beim Finale wiedersehen«, versprach Kim Deuk Joon, Vizepräsident des Verbandes, und siehe da: Beim Viertelfinale überrollten die Koreaner ihren völlig konsternierten Gegner aus Portugal. Nach 22 Minuten hieß es 3:0, der Goodison Park in Liverpool stand Kopf. Aber dann wurde es einem Mann zu bunt, und er drehte das Spiel im Alleingang: Eusebio erzielte vier Treffer in Folge, es war die spektakulärste Aufholjagd in der WM-Geschichte.

12. Juni

Die Europameisterschaft 1988
genossen die Fans aus Irland
in vollen Zügen. Die Unverwüst-
lichen von der Insel erwarben
sich einen legendären Ruf als
unzerstörbare Feierbiester, und
ihre Mannschaft befeuerte den
Hype: Am 12. Juni schlugen
sie den ungeliebten Nachbarn
aus England in Stuttgart durch
einen Kopfballtreffer von Ray
Houghton mit 1:0. Bei der
Rückkehr des Teams säumten
250 000 Menschen die Straßen
von Dublin. »Wir hatten dem
Fußball in Irland zu neuer Größe
verholfen«, sagte Houghton,
»und der Fußball hat Irland zu
neuer Größe verholfen.«

24. Juli

Wolfgang Overath war ein begnadeter Fußballer, ein Regisseur,
der mit einem langen Pass eine
ganze Abwehr filetieren konnte.
Aber das war nicht alles: Der
ewige Kölner war auch von einem lodernden Ehrgeiz beseelt,
der berüchtigt war. Bei Niederlagen bekamen der Gegner, der
Schiedsrichter und die Mitspieler
den Zorn ihres Kapitäns zu spüren. Das Nicht-Verlieren-Können
blieb übrigens, als der Weltmeister von 1974 dem Leistungssport
längst Lebewohl gesagt hatte.
So erzählte man sich, Overath
habe beim Kick in der Halle
noch mit weit über 60 so lange
spielen lassen, bis seine Mannschaft gewonnen hatte.

11. Juni

Christian Streich (geboren am 11. Juni in Weil am Rhein) ist das, was im Fußball-Business als Kulttrainer bezeichnet wird, auch wenn der kauzige Typ auf der Freiburger Bank das mit Sicherheit vehement bestreiten würde. Dieser Mann passt wunderbar zu diesem Klub aus dem Breisgau, der sich in der Bundesliga als etwas anderer Verein etabliert hat. Nicht immer leicht verständlich, badisch, bodenständig, solide und so wenig aufgeregt, wie sie es in Stuttgart, Hamburg oder auf Schalke wohl niemals erleben werden. In dieses Umfeld passt ein Mann, für den Fußball immer ein Spiel geblieben ist.

25. Juli

Warum sie Hertha BSC in Berlin als »Alte Dame« bezeichnen, liegt auf der Hand: Am 25. Juli 1892 wurde der Hauptstadtklub als einer der ersten reinen Fußballvereine in Deutschland gegründet. Mehr Tradition geht kaum, allerdings liegen die großen Erfolge schon ein wenig zurück: 1930 und 1931 wurde die Hertha Deutscher Meister, seitdem durften sie dieses Gefühl am Gesundbrunnen nie mehr genießen. Die Historie gleicht einem stetigen Auf und Ab, das von vielen Skandalen begleitet wird.

10. Juni

Erinnert sich noch jemand an Erwin Stein (geboren am 10. Juni 1935)? Über die Grenzen Hessens erlangte der Mann, der ein Länderspiel bestritt, nur eingeschränkte Berühmtheit, in Frankfurt zählt er jedoch zu den Helden. Beim größten Spiel der Eintracht, dem Finale im Europapokal der Landesmeister gegen Real Madrid am 18. Mai 1960 in Glasgow, erzielte Stein zwei Treffer. Den dritten Frankfurter Treffer, die 1:0-Führung in Minute 18, steuerte Richard Kreß bei. Am Ende wurde die Eintracht vom Wunderteam in Weiß überrollt: 3:7 lautete das Endergebnis.

26. Juli

Am 26. Juli 2004 wurde Jürgen Klinsmann als neuer Bundestrainer vorgestellt. Damit ging ein wochenlanges Hickhack um die Nachfolge des zurückgetretenen Rudi Völler zu Ende. Viele Koryphäen wie Ottmar Hitzfeld, Otto Rehhagel und Arsene Wenger waren gehandelt worden, in der Schlussphase des Bewerbungsverfahrens hatte sich auch noch Klinsmanns Intimfeind Lothar Matthäus in Stellung gebracht und war von seinem Förderer Franz Beckenbauer protegiert worden. Dass der 108-malige Nationalspieler Klinsmann den Job bekam, sollte für den DFB von Vorteil sein.

9. Juni

Miroslav Klose (geboren am 9. Juni 1978) ist kein Mann großer Worte. Der Stürmer redet nicht gerne, viel lieber lässt er Tore sprechen. Und die haben es in sich: 71 Treffer für die Nationalmannschaft, damit verbesserte Klose den Rekord von Gerd Müller. Doch eine andere Bestmarke ist noch wertvoller: Beim phänomenalen 7:1 der DFB-Elf im Halbfinale 2014 gegen Brasilien gelang Klose sein 16. WM-Tor, womit er Ronaldo als Rekordhalter ablöste. Dabei waren Klose, dem Bescheidenen, solche Bestmarken egal: »Ich will lieber Weltmeister werden als ewiger WM-Torschützenkönig.« Schön für ihn: Am Ende war er beides.

27. Juli

Zlatko Cajkowski (geboren am 24. November 1923 in Zagreb, gestorben am 27. Juli 1998 in München) wurde von allen nur »Tschik« gerufen. Der Trainer war nur 1,64 groß, konnte sich mit seiner lustigen und mitreißenden Art aber trotzdem prima bemerkbar machen. Mit dem 1. FC Köln wurde er Meister, Bayern München führte er in die 1. Liga und begründete mit Spielern wie Sepp Meier, Franz Beckenbauer und Gerd Müller, den er »kleines, dickes Müller« nannte, eine glorreiche Epoche. Um seine Spieler zu kräftigen, verordnete er ihnen einen Cocktail aus Rotwein, angereichert mit einem rohen Ei und Traubenzucker.

8. Juni

Am 8. Juni 1990 tritt Argentinien
im Guiseppe-Meazza-Stadion
von Mailand gegen Kamerun an.
Weltmeister gegen Nobody, was
soll da anbrennen? Doch dann
machen die »Löwen« ein solch
couragiertes Spiel, dass die Welt
verzückt ist. Sie gewinnen durch
das Tor von Francois Omam-
Biyik sensationell mit 1:0, und der
Reporter Marcel Reif gerät völlig
aus dem Häuschen: »Ich will
nicht parteiisch sein. Aber lauft,
meine kleinen schwarzen Freunde,
lauft!« Reifs Aufforderung hilft,
die Afrikaner stemmen sich in
der Schlussphase mit neun
Mann gegen ein Gegentor
und bringen den kostbaren
Vorsprung über die Zeit.

28. Juli

Der 28. Juli 1962 ist ein richtung-
weisender Tag in der Geschichte
des deutschen Fußballs: Der
DFB-Bundestag beschließt im
Goldsaal (im Bild nach seiner
Renovierung) der Dortmunder
Westfalenhalle die Einführung
der Bundesliga. Doch die Ge-
burtswehen sind lang und heftig:
Neun Stunden ringen die Dele-
gierten miteinander, bis eine
Einigung da ist. 75 Jahre nachdem in England, dem Mutterland des Fußballs, eine Profiliga
eingeführt wurde, gehen damit
auch die Deutschen endlich den
Weg in die Moderne. Es ist ein
überfälliger Schritt, der von
den Menschen dankbar ange-
nommen wird.

7. Juni

Am 7. Juni 1998 erhielt Gerd Müller in Paris den FIFA-Verdienstorden für sein Lebenswerk. Der Mann aus Nördlingen war ein Naturereignis, einen größeren Torinstinkt hat es im Fußball nie gegeben. Mit jedem nur möglichen Körperteil beförderte Müller den Ball ins Tor, notfalls auch mit dem Hintern. Seine Bilanz ist einzigartig: 365 Bundesligatore, das dürfte ein Rekord für die Ewigkeit sein, dazu kommen 68 Tore in 62 Länderspielen. Müller entschied ungezählte Spiele, unter anderem das WM-Finale 1974.

29. Juli

Kevin Großkreutz hatte sich am Spielfeldrand aufgebaut, doch Bastian Schweinsteiger wollte einfach nicht aus dem Spiel. Abgekämpft, ausgelaugt und blutend lief der Mittelfeldspieler über den Rasen des Maracana Stadions, doch es musste weitergehen. Bis zur völligen Erschöpfung, es galt, gegen Argentinien das Größte zu erreichen. Diese Bilder, wie Schweinsteiger einfach weitermacht, sie bleiben unvergesslich. Ein echter Kapitän, auch wenn die Binde ein anderer trug. Der Gewinn der Weltmeisterschaft 2014 war die Krönung einer Karriere, die für den Jungen aus Bayern so viele Erfolge bereithielt.

6. Juni

Viele Prominente und Journalisten waren der Einladung des Offenbacher Früchtehändlers Horst-Gregorio Canellas gefolgt, an der Feier seines 50. Geburtstags am 6. Juni 1971 teilzunehmen. Canellas präsentierte den Gästen Tonbandaufnahmen, Mitschnitte verschiedener Telefonate, in denen es um Spielmanipulationen ging. Entsetzt verließ Bundestrainer Schön die Party. Der Tsunami war indes nicht mehr aufzuhalten. Es folgte der größte Skandal in der Geschichte des deutschen Fußballs. Arminia Bielefeld: Zwangsabstieg, Offenbacher Kickers: Lizenzentzug, 52 Profis gesperrt!

30. Juli

Tor oder nicht Tor? Nie zuvor und nie danach ist die wichtigste Frage des Fußballs so kontrovers, emotional und ausgedehnt debattiert worden wie nach dem 30. Juli 1966. In der Verlängerung des WM-Finals hatte der Engländer Geoff Hurst den Ball an die Unterkante des deutschen Tores gedonnert, von wo er senkrecht nach unten sprang. Schiedsrichter Gottfried Dienst aus der Schweiz entschied zunächst auf Weiterspielen, ließ sich dann jedoch von Linienrichter Bachramow aus der UdSSR umstimmen. Über Generationen stritten sich die Experten beider Länder über die Rechtmäßigkeit des Treffers.

5. Juni

Die Zuschauer, die richtig auf-
gepasst hatten, trauten ihren
Augen nicht: Schiedsrichter
Graham Poll aus England zeigte
dem kroatischen Manndecker
Josip Simunic beim WM-Spiel
2006 zwischen Kroatien und
Australien in Stuttgart in der
90. Minute doch tatsächlich die
zweite Gelbe Karte, ohne den
Profi von Hertha BSC vom Feld
zu schicken. Nur so konnte es
passieren, dass Simunic nach
dem Abpfiff auch noch zum
dritten Mal Gelb sah, bevor er
endlich den überfälligen Platz-
verweis kassierte. Wahrscheinlich
passierte ihm so etwas als
einzigem Spieler überhaupt.

31. Juli

1954, 1974, 1990, 2014 – die Jahreszahlen der Triumphe bei Weltmeisterschaften kann hierzulande jedes Kind im Schlaf runterbeten. Aber wer weiß schon, ob und wann ein deutsches Team Olympiasieger wurde? Dieses Kunststück gelang genau ein Mal, und zwar 1976 bei den Spielen in der kanadischen Metropole Montreal. 72.000 Zuschauer wurden am 31. Juli Zeugen, wie sich das Team aus der DDR beim 3:1 gegen Polen auf den Olymp schoss. In der Heimat wurden die Leistungen der von Georg Buschner trainierten »Diplomaten im Trainingsanzug« hoch geachtet.

4. Juni

Lukas Podolski (geboren am 4. Juni 1985 im polnischen Gliwice) ist auf YouTube nicht nur in Fußballsequenzen zu bewundern, sondern auch im Video zum Lied »Kölsche Jung« der Gruppe Brings. »Poldi« absolvierte weit über 100 Länderspiele und wurde Weltmeister 2014, aber Unsterblichkeit garantiert ihm sein ansteckend fröhliches rheinisches Gemüt. Sein schönster Spruch: »Fußball ist wie Schach – nur ohne Würfel.«

1. August

Borussia Mönchengladbach: Die Mannschaft der 70er-Jahre um Netzer, Wimmer und Vogts war ein Phänomen, der legendäre Hennes Weisweiler hatte das Sagen, und man spielte in einem kleinen Stadion, das den Namen Bökelberg trug und mitten in der Stadt lag. Alles längst Geschichte, genau wie die Gründung der Borussia: Am 1. August 1900 wurde im Stadtteil Eicken ein Verein gegründet, der den Namen Fußballklub Borussia 1900 erhielt und viele Jahre später in Deutschland und Europa eine große Nummer werden sollte.

3. Juni

»Mach ihn! Mach ihn! Er macht ihn! Mario Götzeeeeeeee!« ARD-Kommentator Tom Bartels brüllte diese historischen Worte in sein Mikrofon, und ein ganzes Land versank im Freudentaumel. Mario Götze (geboren am 3. Juni 1992) hatte im WM-Finale 2014 in Rio de Janeiro gegen Argentinien gerade das entscheidende Tor erzielt und Deutschland damit zum vierten Gewinn einer Weltmeisterschaft geschossen. Mit einer Szene hatte sich der Junge, der bei Borussia Dortmund groß geworden und dann als Wunderkind unter großem Getöse zum FC Bayern München gewechselt war, in die Unsterblichkeit katapultiert.

2. August

Kaum ein Spieler der deutschen Fußballgeschichte polarisierte so sehr wie Stefan Effenberg (geboren am 2. August 1968 in Hamburg). Bundestrainer Berti Vogts schickte »Effe« aufgrund der Stinkefinger-Affäre bei der WM 1994 vorzeitig nach Hause, Ottmar Hitzfeld adelte ihn als »Aggressive Leader«. Als er angetrunken am Steuer erwischt wurde, sagte Effenberg lapidar: »Jeder ist doch schon mal mit 1,07 Promille gefahren.« Und sein Statement, als sich Lizarazu und Matthäus beim Training der Bayern ohrfeigten: »In Gladbach ist so etwas bestimmt 20 Mal passiert. Das gehört dazu. Ich find's gut!«

2. Juni

Zwei Siege, vier Unentschieden, 28 Niederlagen, das ist die Bilanz von Tasmania Berlin (gegründet am 2. Juni 1900) in der Saison 1965/1966. Schlechter hat in der Geschichte der Bundesliga kein Verein abgeschnitten, und es bedarf keines Propheten, um vorherzusagen, dass dieser Rekord Ewigkeitswert besitzt. Immerhin hatte die Tasmania mit ihrem Kapitän Herbert Finken einen Mann, der wirklich Humor hatte. Der eisenharte Manndecker pflegte sich bei seinem Gegenspieler mit den Worten vorzustellen: »Mein Name ist Finken, und du wirst gleich hinken!«

3. August

Für die Deutschen handelt es sich um geweihte Erde, insofern war der 3. August 2001 ein bedeutsames Datum: Um Punkt 15 Uhr war es um das Wankdorfstadion geschehen. Fünf lange und drei kurze Hornstöße dröhnten als letztes Warnsignal über das Areal, dann wurden 23 Kilogramm Sprengstoff gezündet, und das Stadion, in dem das Wunder von Bern stattgefunden hatte, sackte unter den Augen von 4000 Zeugen in sich zusammen. Die altehrwürdige Spielstätte musste Platz machen für eine moderne Arena: »Stade de Suisse« heißt das neue Stadion, in dem heute gespielt wird.

1. Juni

Eine legendäre Panne unterläuft
den WM-Organisatoren 1994 in
den USA. Wenige Minuten vor
dem Eröffnungsspiel der Deutschen gegen Bolivien verteilen
sie die Aufstellungen an die
Presse. Darauf finden sich Namen
wie Andreas Thom, Christian
Wörns, Uwe Bein, Heiko Scholz,
Bruno Labbadia und Stefan
Reuter. Diese Spieler sind von
Trainer Berti Vogts aber gar nicht
erst für den WM-Kader nominiert
worden. Die zähe Partie gegen
die Südamerikaner entscheidet
dann einer, der tatsächlich
nominiert ist: Jürgen Klinsmann.

4. August

Michael Skibbe (geboren am 4. August 1965 in Gelsenkirchen) war als Trainer nun wirklich kein Versager. Im Gegenteil, immerhin führte er die deutsche National- mannschaft bei der WM 2002 in Japan und Südkorea im Duett mit Rudi Völler bis ins Finale gegen Brasilien. Fachlich hatte Skibbe einen untadeligen Ruf, dennoch begleitete ihn ein Imageproblem, seit er den gestandenen Nationalspieler Thomas Häßler während seiner Zeit bei Borussia Dortmund als »talentierten Spieler« bezeichnete und dafür mit Häme überschüttet wurde.

31. Mai

Es war das Eröffnungsspiel der
Weltmeisterschaft 2002, und es
wurde ein echter Paukenschlag:
Frankreich unterlag dem Senegal
am 31. Mai 2002 in Seoul mit 0:1,
das einzige Tor der Begegnung
schoss der 24-jährige Pape Bouba
Diop. Nichts hatte auf eine solche
Sensation hingedeutet. Frankreich
war als Welt- und Europameister
nach Japan und Südkorea gereist,
Trainer Roger Lemerre konnte
auf die Dienste der Torjäger aus
den Top-Ligen zurückgreifen.
Und dann das: In drei Vorrunden-
spielen brachte die »Grande
Nation« nicht einen Treffer
zustande und schied sang-
und klanglos aus.

5. August

Rolf »Rollo« Fuhrmann (mittleres Bild, geboren am 5. August 1949) war dafür verantwortlich, dass die Dinge auf Schalke am 19. Mai 2001 dermaßen aus den Fugen gerieten, als er in seiner Rolle als Premiere-Reporter die Worte sprach: »Es ist zu Ende in Hamburg. Schalke ist Meister.« Es handelte sich um eine fatale Fehlinformation: Patrick Anderson hämmerte in der Nachspielzeit einen indirekten Freistoß ins HSV-Tor. Bayern wurde Meister, und Gelsenkirchen versank in einem Meer aus Tränen.

30. Mai

Thomas Häßler (geboren am 30. Mai 1966 in Berlin) war ein begnadeter Techniker, ein fröhlicher Zeitgenosse, ein echter Spaßfußballer. Der 101-fache Nationalspieler (Weltmeister 1990), den sie zu seiner Kölner Zeit aufgrund seines Berliner Idioms »Icke« nannten, wusste genau, welche Gabe ihm der liebe Gott in die Wiege gelegt hatte. Seinen Werdegang vor seinem steilen Aufstieg als Profi stufte der Mittelfeldspieler durchaus realistisch ein: »In der Schule gab's für mich Höhen und Tiefen. Die Höhen waren der Fußball.«

6. August

Als Torhüter galt Roman Weiden-
feller (geboren am 6. August
1980 in Diez an der Lahn) beim
1. FC Kaiserslautern, vor allem
aber während seiner vielen
Jahre bei Borussia Dortmund als
eine der verlässlichsten Kräfte
seines Gewerbes. Dass er auch
bemerkenswerte Interviews
geben kann, bewies der Wester-
wälder nach dem Gewinn der
Meisterschaft 2011, als er einem
arabischen Fernsehsender jenen
großartigen Spruch hinterließ,
der später auf T-Shirts gedruckt
wurde: »We have a grandios
Saison gespielt.«

29. Mai

Die Katastrophe von Heysel veränderte den Fußball. Nach diesem 29. Mai 1985 war nichts mehr so wie zuvor. Vor dem Anpfiff des Endspiels im Europapokal der Landesmeister zwischen dem FC Liverpool und Juventus Turin im Heysel-Stadion im Brüsseler Stadtteil Laeken stürmten Liverpool-Anhänger in den neutralen Sektor. Es brach Panik aus, eine Wand stürzte ein, 39 Menschen wurden getötet, 454 verletzt. Danach wurden englische Klubs für fünf Jahre vom europäischen Fußball ausgesperrt, auf der Insel wurden die Stehplätze abgeschafft und die Sicherheitsmaßnahmen drastisch verschärft.

7. August

Dass Sigfried Held (geboren am
7. August 1942) bei Borussia
Dortmund landete, war purer
Zufall. Der pfeilschnelle Stürmer
hatte schon bei Hertha BSC Berlin
unterschrieben, doch das Papier
wurde nichtig, als der Klub in die
Regionalliga verbannt wurde.
Also lief »Siggi« für den BVB auf
und wurde in einem Team, in
dem bis dato nur Spieler aus
dem Ruhrpott und dem Sauer-
land standen, als »Ausländer«
bezeichnet, weil er aus Süd-
deutschland kam. Der Transfer
erwies sich als Glücksfall. Mit
Lothar Emmerich bildete Held
ein überragendes Angriffsduo,
das von englischen Journalisten
»Terrible Twins« genannt wurde.

28. Mai

Hören wir doch mal in den Original-Kommentar von Marcel Reif: »Möller, Ricken, Ricken, lupfen jetzt! Jaaaaaaa! Fünf Sekunden auf dem Platz, fünf Sekunden … Lars Ricken! … Die Gebrüder Grimm drehen sich im Grabe um, also das sind Märchen, die gibt's nicht! Das gibt's nicht! (…) Das kann man nicht erfinden. Legenden werden geboren, und Sie sind live dabei. 3:1, was für ein verrücktes Spiel!« Genau so war es, als Lars Ricken am 28. Mai 1997 beim Champions-League-Finale eingewechselt wurde und sich unsterblich schoss. Wer dabei war, bekommt beim Gedanken daran noch heute eine Gänsehaut.

8. August

An einem warmen Augustabend
1997 schlug die große Stunde
des Oliver Bierhoff. Genau genommen waren es nur wenige
Minuten: Für den Leverkusener
Ulf Kirsten eingewechselt, gelang dem Stürmer von Udinese
Calcio mit drei Toren in sechs
Minuten (73., 78., 79.) der schnellste Hattrick in der Geschichte der
deutschen Nationalmannschaft.
Das Team von Bundestrainer
Berti Vogts lag im Mourneview
Park von Belfast mit 0:1 zurück,
als Bierhoff aufs Feld kam und
die Dinge in Windeseile gerade-
rückte. »Das ist passiert, ohne
dass ich es richtig gemerkt
habe«, sagte der spätere
Manager des DFB Jahre später.

27. Mai

Klaus Augenthaler hielt die kürzeste Pressekonferenz aller Zeiten (42 Sekunden). Im Wortlaut: »Es gibt vier Fragen und vier Antworten. Die Fragen stelle ich, die Antworten gebe ich auch. Erstens: Wie ist die Stimmung in der Mannschaft? Die Mannschaft hat hervorragend gearbeitet. Zur Taktik: ein oder zwei Stürmer? Das liegt daran, wie die personelle Situation ist und welche Spieler verletzt sind. Zum Gegner: Aachen wird sicherlich Druck machen, darauf müssen wir vorbereitet sein. Und ob die Mannschaft dem Druck standhält? Wir haben hervorragend gearbeitet, die Mannschaft wird die Antwort auf dem Platz geben.«

9. August

Es gibt auf diesem Planeten nur zwei Menschen, die sowohl als Trainer als auch als Spieler Weltmeister wurden: Franz Beckenbauer und Mário Zagallo. Zagallo (geboren am 9. August 1931 in Maceio) erwarb sich schon als Spieler unsterblichen Ruhm, weil er 1958 neben dem 17-jährigen Pelé stürmte und damit Teil jener Mannschaft war, die im WM-Finale von Stockholm die Gastgeber mit 5:2 vernichtete und dabei die Welt verzauberte. Nicht weniger spektakulär agierte Brasiliens Team mit Zagallo auf der Bank, das im WM-Finale 1970 in Mexiko das Endspiel gegen Italien mit 4:1 gewann.

26. Mai

Die »Süddeutsche Zeitung«
nannte es die »Mutter aller Niederlagen«, und tatsächlich ist noch
heute unfassbar, was sich am
26. Mai 1999 in Barcelona zutrug:
Bayern München führte im Finale
um die Champions League durch
ein Freistoßtor von Mario Basler
mit 1:0 und war die klar bessere
Mannschaft. Egal, das Team von
Ottmar Hitzfeld musste ja nur
noch die Nachspielzeit überste-
hen. Und dann das: Sheringham
und Solskjær drehten das Spiel
für ManU in der 91. und 93. Minute.
Es war ein K.o. aus vollkommen
heiterem Himmel. Der »Daily
Mirror« jubilierte: »Die besten
zwei Minuten in der Geschichte
des Sports.«

10. August

Er machte nur sieben Bundesligaspiele, sein letztes ging in die
Geschichte ein. Allerdings hätte
es Peter Endrulat (geboren am
10. August 1954) sicherlich lieber
gesehen, anders im Mittelpunkt
zu stehen. Am letzten Spieltag
der Saison 1977/1978 stand
Endrulat im Tor von Borussia
Dortmund und kassierte gegen
den Namensvetter aus Mönchengladbach sage und schreibe
zwölf Tore. Das ist bis heute
Bundesligarekord und hätte den
Gladbachern beinahe die Meisterschaft gebracht. Doch Tabellenführer Köln gewann sein Spiel
in St. Pauli ebenfalls hoch und
verteidigte so den hauchdünnen
Vorsprung.

25. Mai

Felix Magath ist als Trainer umstritten. Als Fußballer war er ein Techniker mit tollem Blick und begnadeten Füßen. Was er draufhat, demonstrierte der Mittelfeldspieler der Welt am 25. Mai 1983, als der HSV im Finale des Europapokals der Landesmeister in Athen auf das hochfavorisierte Starensemble von Juventus Turin traf: In der neunten Spielminute schnappte sich Magath den Ball und überwand Dino Zoff, den Ausnahmekönner im Tor von Juventus, mit einem Schlenzer, den nicht nur HSV-Fans abfeierten. Es sollte der einzige Treffer bleiben in einer glorreichen Nacht, in der sich Felix Magath unsterblich schoss.

11. August

Herbert Laumen (geboren am 11. August 1943 in Mönchengladbach) war unmittelbar beteiligt, als die Bundesliga eine der spektakulärsten Szenen ihrer Geschichte erlebte: »Werder-Torwart Günter Bernard fing den Ball ab, ich aber hatte so viel Schwung drauf, dass ich ins Netz flog. Da habe ich gemerkt, dass sich was tut. Ich sah, wie das Tor brach, bin dann in Deckung gegangen und lag schließlich wie ein Fisch im Netz.« Die Borussia wurde dennoch Meister – und in der Bundesliga wurden Aluminiumpfosten eingeführt.

24. Mai

Wäre Eric Cantona (geboren am 24. Mai 1966 in Marseille) kein Fußballer geworden, hätte er sicher auch als professioneller Kung-Fu-Kämpfer sein Geld verdienen können. In bester Bruce-Lee-Manier streckte der exzentrische Superstar im Spiel gegen Crystal Palace Anfang 1995 zunächst seinen Gegenspieler zu Boden, weil der ihn vorher am Trikot gezogen hatte. Später attackierte er einen Fan, der ihn bepöbelt hatte, mit den Füßen voran. Der Roten Karte folgte eine neunmonatige Sperre. Cantona wurde trotz dieser Aussetzer zur Legende, bei den Fans von Manchester United genießt er gottähnlichen Status.

12. August

Bei der EM 2012 haben die Deutschen eine Mannschaft, die stark
genug scheint, bei einem großen
Turnier endlich mal gegen Italien
zu gewinnen. Doch anstatt mutig
zu agieren, richtet sich das Team
von Bundestrainer Jogi Löw
nach dem Gegner und verliert
sang- und klanglos mit 0:2.
Der Albtraum hat einen Namen:
Mario Balotelli (geboren am
12. August 1990 in Palermo) erzielt beide Treffer und baut sich
in furchteinflößender Pose vor
den verängstigten Deutschen
auf. Die prognostizierte Weltkarriere macht Balotelli allerdings nicht, weil er sich mit
zahllosen Eskapaden immer
wieder selbst im Weg steht.

23. Mai

21 Trainerstationen gab es in der schillernden Trainerkarriere des Jörg Berger (geboren am 13. Oktober 1944 in Gotenhafen, gestorben am 23. Juni 2010 in Duisburg). Darunter war auch das kürzeste Engagement in der Geschichte der Bundesliga: Am 19. Mai 2009 übernahm Berger in Bielefeld das Zepter von seinem glücklosen Vorgänger Michael Frontzeck. Ein einziger Versuch blieb, um die Arminia zu retten, doch nach dem 2:2 gegen Hannover 96 am 34. Spieltag am 23. Mai war der Klub als Tabellenletzter abgestiegen und Bergers Engagement nach nicht einmal einer Woche beendet.

13. August

Als das Westfalenstadion in Dortmund vor der WM 1974 seiner
Bestimmung übergeben wurde,
ahnte niemand, dass es eine
solche Kultstätte des Fußballs
werden sollte. Die Stadtväter
hatten nur deshalb keine Laufbahn einbauen lassen, weil dafür
kein Geld da war. Die Sparmaß-
nahme erwies sich als Segen, in
der Spielstätte entwickelte sich
eine Atmosphäre, die ihresgleichen suchte. Viele halten das
Stadion, das nach mehreren
Ausbaustufen über 80.000 Besucher fasst und über die größte
Stehplatztribüne der Welt
verfügt, für das stimmungsvollste
überhaupt – die BVB-Fans
sowieso.

22. Mai

Am 25. November 2005 starb George Best (geboren am 22. Mai) mit nur 59 Jahren, weil er seine Alkohol-Abhängigkeit nicht in den Griff bekam. Der Nordire, der im Dress von Manchester United seine Blütezeit erlebte, war ein begnadeter Stürmer und ausgesprochener Lebemann. Best galt als erster Popstar des Fußballs und wird noch heute als Kultfigur verehrt. Zu seiner Beerdigung in Belfast kamen trotz Dauerregens 100 000 Menschen. Überliefert ist sein legendäres Bonmot: »90 Prozent meiner Kohle habe ich für Alkohol, Weiber und schnelle Autos ausgegeben – den Rest habe ich sinnlos verprasst.«

14. August

Am 14. August 1965 absolvierte Klaus Fichtel in Stuttgart sein erstes Bundesligaspiel, am 21. Mai 1988 stand der Abwehrspieler für seinen Verein Schalke 04 in Bremen zum letzten Mal auf dem Rasen. Fast 23 Jahre in der höchsten deutschen Liga sind eine wahnsinnig lange Zeit, als Fichtel abtrat, war er 43 und ist damit der älteste Spieler, der jemals in der Bel Etage aufgelaufen ist. Das funktionierte, weil sich »Tanne«, wie sie ihn aufgrund seines Nachnamens riefen, gut und ökonomisch bewegte. Der 23-fache Nationalspieler stand meistens richtig, er trieb keinen Raubbau mit seinem Körper.

21. Mai

Als er für das EM-Qualifikationsspiel der deutschen Nationalmannschaft am 22. Dezember
1974 auf Malta nominiert wurde,
jubelte »Bild«: »Prima! Deutschlands schwarze Perle in der
Nationalelf.« Erwin Kostedde
(geboren am 21. Mai 1946 in
Münster) war 28, stürmte für die
Offenbacher Kickers und war der
erste farbige Nationalspieler in
der Geschichte des DFB. Damit
ebnete der in Münster geborene
Sohn eines amerikanischen
Besatzungssoldaten den Weg
für seine Nachfolger. Kosteddes
Karriere war voller Höhen und
Tiefen – genau wie sein gesamtes
Leben –, aber das konnte dem
Torjäger niemand nehmen.

15. August

Am 15. August 2007 absolvierte
Mehmet Scholl sein Abschieds-
spiel gegen den FC Barcelona.
Es gibt nicht viele Ehrenspieler
beim FC Bayern München, doch
Mehmet Scholl gehört dazu.
Nicht nur, weil er mit seinem
Verein zahlreiche Erfolge feierte,
sondern vor allem, weil er dabei
immer authentisch blieb. Ein
unglaublich guter Techniker,
der nicht nur auf dem Spielfeld
schlitzohrig agierte, sondern
auch außerhalb immer für einen
lockeren Spruch zu haben war.
So wie diesen: »Ich hatte noch
nie Stress mit meiner Frau ...
bis auf das eine Mal, wo sie mit
aufs Hochzeitsfoto wollte.«

20. Mai

Norbert Siegmann (geboren am 20. Mai 1953) absolvierte zwar 209 Bundesligaspiele für den VfB Stuttgart, Tennis Borussia Berlin und Werder Bremen, wäre aber längst in Vergessenheit geraten, hätte es nicht dieses Foul gegeben, das die Bundesliga erschütterte: Am 14. August 1981 schlitzte Siegmann im Spiel seines Klubs Werder Bremen gegen Arminia Bielefeld mit den Stollen seines Fußballschuhs den Oberschenkel seines Gegenspielers Ewald Lienen auf, der eine 25 Zentimeter lange offene Fleischwunde davontrug. 31 Jahre später trafen sich die beiden Protagonisten und versöhnten sich.

Helmut Rahn (geboren 16. August 1929 in Essen, gestorben am 14. August 2003 ebenda) gehört zu den Unsterblichen, weil ihm dieses eine Tor gelungen ist. In der Friesenstube im Essener Stadtteil Frohnhausen kann man noch heute den Eckplatz bewundern, an dem Rahn täglich saß, sein Pilsken trank und ständig gebeten wurde: »Helmut, erzähl uns dat Tor.« Der pflegte dann zu sagen: »Ich habe gar nicht gesehen, wohin der Ball ging. Aber ich wusste: Der ist drin. Drinner geht's nicht.« Das 3:2 im Finale ist die wohl meist-rekapitulierte Szene im deutschen Fußball: »Aus dem Hintergrund müsste Rahn schießen …«

Wehende Haare, Vollbart, den Ball am Fuß, den Blick erhoben, um zu schauen, wo sich die Lücke auftut: So kannte man Andrea Pirlo (geboren am 19. Mai 1979 in Flero), einen der großen Strategen des Weltfußballs. Wie kein Zweiter konnte dieser Mann das Spiel lesen, es lenken und den Rhythmus bestimmen. Zudem waren die zentimetergenau gezirkelten Standards des Weltmeisters von 2006 gefürchtet. Und er war ein Poet: »Ich schieße ruhende Bälle à la Pirlo: Jeder Schuss trägt meinen Namen, sie sind alle meine Kinder.«

17. August

»Was ist eigentlich mit dem Dieter
los?«, fragen sich die Fans des
1. FC Köln zu Beginn der Saison
1977/1978. Ihr Mittelstürmer
Dieter Müller, der doch sonst so
zuverlässig einnetzt, trifft das
Tor nicht mehr. Dabei hatte er
doch in der Saison davor mit 34
Treffern geglänzt und dabei mit
Gerd Müller sogar den »Bomber«
und Namensvetter aus München
hinter sich gelassen. Doch nun
hakt es, gegen Düsseldorf und
Bochum gelingt Dieter Müller
nichts. Am dritten Spieltag,
einem Heimspiel gegen Werder
Bremen, platzt dann der Knoten.
Und wie: Beim 6:2 gelingen
dem Hessen sage und schreibe
sechs Tore.

18. Mai

Am 18. Mai 1996 drückt Andreas Brehme seinen Kopf an die Brust seines Freundes Rudi Völler und vergießt bittere Tränen. Was war geschehen? Brehmes Verein, der 1. FC Kaiserslautern, war am letzten Spieltag bei Bayer Leverkusen zum Abstiegsduell angetreten und musste gewinnen, um die Klasse zu erhalten. Die 1:0-Führung hielt bis zur 82. Minute, als Markus Münch den Ball zum Ausgleich ins Netz hämmerte (unser Foto). Es war das einzige Saisontor des Abwehrspielers. Bayer war gerettet, Kaiserslautern gestürzt. Bei Kapitän Brehme brachen alle Dämme.

18. August

Selten hat sich jemand in der Geschichte des Fußballs dermaßen getäuscht: »Justo ist der Prototyp des Durchschnittsspielers«, sagte Frankreichs Nationalcoach Albert Batteux über Just Fontaine, geboren am 18. August 1933 in Marrakesch, Marokko. Folglich fuhr der Stürmer auch nur als Ersatzmann mit zur Weltmeisterschaft 1958 in Schweden, wo er explodierte: 13 Tore bei einem WM-Turnier, das ist Rekord – und wird es wohl bis in alle Ewigkeit bleiben. Pelé, Maradona, Ronaldo, Messi oder Gerd Müller, keiner der Weltstars kam auch nur in die Nähe des Mannes, dessen Stern nur wenige Tage erstrahlte.

Als die WM 1970 mit der Begegnung der Gastgeber gegen die UdSSR eröffnet wird, ist es wie so oft zu diesen Anlässen: Ein öder Kick, der torlos endet, und doch ist es eine Partie mit historischem Wert. Zum ersten Mal werden Gelbe und Rote Karten verteilt, der deutsche Schiedsrichter Kurt Tschenscher aus Mannheim zückt bei der Ouvertüre gleich fünf Mal Gelb. Übrigens: Die Idee zu dieser Innovation kam dem englischen Referee Ken Aston nach dem chaotischen Viertelfinale 1966 zwischen Argentinien und England. Aston stand mit seinem Auto vor einer roten Ampel, als er einen Geistesblitz hatte.

19. August

Marco Materazzi (geboren am
19. August 1973 in Lecce) gelangte
zu Weltruhm, weil er es war, dem
Zinédine Zidan beim WM-End-
spiel 2006 in Berlin den Kopf in
den Bauch rammte, wofür der
Franzose vom Platz flog. Materazzi
hatte seinen Gegner so lange
provoziert, bis er ausrastete, unter
anderem beleidigte er Zidanes
Schwester als Prostituierte.
Trash-Talk war die Spezialität
des Italieners, dem alle Mittel
recht waren. Auch Bastian
Schweinsteiger machte
Bekanntschaft mit dem Italiener.
»Jetzt kann ich Zidane verstehen«,
sagte der Bayern-Profi nach
dem Champions-League-Aus
gegen Inter Mailand.

16. Mai

Der 16. Mai 1992 geht in die Geschichte der Bundesliga ein als spannendster Showdown, den es bis dato gab: In der Saison 1991/1992 können mit Frankfurt, Dortmund und Stuttgart noch drei Vereine Meister werden. Die Eintracht muss nur noch in Rostock gewinnen, verliert aber. Bis kurz vor Schluss liegt der BVB durch ein Tor von Stephane Chapuisat in Duisburg auf Meisterkurs, doch dann schlägt in Leverkusen Guido Buchwald mit dem Kopf zu und macht den VfB zum Meister. Ein unglaubliches Finish, nichts für Herzkranke und nervöse Zeitgenossen.

20. August

Am 20. August 1989 gelang Klaus Augenthaler in der ersten Runde des DFB-Pokals in Frankfurt ein irres Tor: In der 34. Minute zog er von der Mittellinie ab und traf, es war das Tor des Tages: »Es war ein extrem heißer Tag, das Spiel plätscherte so vor sich hin. Ich trieb den Ball nach vorne, niemand griff mich an, und ich sah, dass Frankfurts Torhüter Uli Stein extrem weit vor seinem Tor stand. Ich hab einfach Maß genommen und draufgehalten, groß zu überlegen gab es da nichts«. Das Tor wurde zum Tor des Jahres und später zum Tor des Jahrzehnts gekürt.

15. Mai

Am 15. Mai 1910 wurde der FC
St. Pauli gegründet. Kein Verein
wie jeder andere, die »Kiezkicker«
haben sich immer als Alternative
zum Profifußball gesehen, der
sich über Kommerz und Millionen-
summen definiert. Dabei müssen
sie sich selbst vermarkten, um
mitspielen zu können, und das
machen sie ziemlich geschickt.
Nicht konventionell, aber erfolgreich. Dass St. Pauli nicht ist wie
die anderen, zeigt schon die
Farbenkombination: Braun-Weiß.
Der Klub aus Hamburg zelebrierte
seine Auftritte immer als Drama:
Aufstiege, Abstiege, Lizenzentzug, Existenzkampf – am
Millerntor gibt es vieles, aber
keine Langeweile.

21. August

Wie sagt der Volksmund doch so schön und wahrheitsgemäß: Schadenfreude ist die schönste Freude. Also, nur zu: Wir schreiben den 21. August 1982, der belgische Weltklasse-Torhüter Jean-Marie Pfaff bestreitet sein allererstes Spiel für seinen neuen Arbeitgeber Bayern München. Der Bremer Uwe Reinders schnappt sich den Ball, wirft einen langen Einwurf in den Bayern-Strafraum, den Pfaff ins Tor fliegen lässt. Besonders bitter: Er berührt ihn noch mit den Fingerspitzen, wodurch der Ball »scharf wird«. Direkt versenkt hätte der Treffer nicht gezählt, so ist es das Tor des Tages zum Bremer 1:0-Sieg.

14. Mai

Oft geben Kleinigkeiten im Fußball den Ausschlag. In diesem
Fall war es eine Papierkugel. Es
ging 2009 zwischen dem HSV und
Werder Bremen um den Einzug
ins UEFA-Cup-Finale, keine zehn
Minuten sind noch zu spielen,
als Verteidiger Michael Gravgaard
den Ball zu seinem Torhüter
Frank Rost spielen will. Das Spielgerät rollt über eine Papierkugel,
springt leicht, und Gravgaard
trifft den Ball unkontrolliert mit
dem Schienbein, dass er eine
Ecke verursacht, die Werder zur
Entscheidung nutzt. Entsetzen
beim HSV, die »Papierkugel
Gottes«, wie Spaßvögel im
Internet texten, entscheidet
das Nordderby.

22. August

An einem Sommernachmittag im August 1991 drehte Michael Tönnies richtig auf: Der Stürmer des MSV Duisburg erzielte beim 6:2 gegen den Karlsruher SC, in dessen Tor niemand Geringeres als der »Titan« Oliver Kahn stand, innerhalb von fünf Minuten (10., 12., 15. Minute) den bis dahin schnellsten Hattrick der Bundesligageschichte. Tönnies war ein Lebemann, er rauchte, trank, zockte, schleppte Frauen ab und musste Tribut zollen. Als die Lunge des Kettenrauchers schlapp machte, dachte er an Selbstmord, berappelte sich aber zunächst wieder.
Er verstarb Ende Januar 2017.

13. Mai

Es hat schon Fußballspiele gegeben, die das Volk mehr in den Bann gezogen haben. Gerade mal 9000 Besucher versammeln sich am 13. Mai 1981 im Düsseldorfer Rheinstadion, um das Endspiel im Europapokal der Pokalsieger zwischen Carl Zeiss Jena und Dynamo Tiflis zu erleben. Dem Team aus der DDR-Oberliga ist es egal, die Spieler wollen den größten Tag ihrer Vereinsgeschichte genießen. Und dann geht Jena durch Gerhardt Hoppe auch noch in Führung. Die Mannschaft ist von diesem Erfolgserlebnis dermaßen beflügelt, dass sie munter weiterstürmt und ins offene Messer läuft.

23. August

Mehr als 80.000 Besucher haben sich am 23. August 2014 im Dortmunder Stadion eingefunden, um den ersten Spieltag der neuen Saison mit ihrer Mannschaft zu zelebrieren. Die Stimmung ist riesig, doch dann das: Kaum rollt der Ball, liegt er auch schon im Netz der Borussia. Genau neun Sekunden hat Karim Bellarabi benötigt, um das Spielgerät zu versenken. Fast auf den Tag ein Jahr später gelingt es Kevin Volland im Spiel Hoffenheim gegen Bayern München, den Bundesliga-Rekord einzustellen. Seitdem wartet die Szene gespannt, ob es nicht vielleicht noch schneller geht …

12. Mai

Die versammelte Fachpresse
war im Medienraum im Bauch
des mächtigen Berliner Olympiastadions versammelt und staunte
Bauklötze. Da hatte doch Bayerns
Kapitän Philipp Lahm gerade
berichtet, sein Team sei »über
90 Minuten die bessere Mannschaft« gewesen. Welch ver-
wegene These angesichts der
2:5-Klatsche, die der Branchen-
führer gerade kassiert hatte.
Da war dem Außenverteidiger
wohl leicht der Realitätssinn
verrutscht. Der Gegner aus Dortmund war im siebten Himmel,
nach der Meisterschaft hatte der
Revierklub auch noch den Pott
geholt und somit erstmals das
Double gewonnen.

Timo Konietzkas Treffer beim Auswärtsspiel in Bremen war nicht irgendein Tor, es war das erste in der Geschichte der Bundesliga, es machte Konietzka unsterblich, der das Erfolgserlebnis allerdings nicht überbewerten mochte: »Es gibt schönere Tore. Ein Hammer aus 30 Metern wäre mir lieber gewesen. Aber drin ist drin, sage ich.« Betrüblich ist, dass der Augenblick des Torerfolgs nicht dokumentiert wurde, weil sich die Fotografen hinter dem Dortmunder Tor aufgebaut hatten. Deshalb ist nur festgehalten, wie Kumpel Lothar Emmerich jubelnd abdreht. Timo Konietzka starb am 12. März 2012 in der Schweiz.

11. Mai

Andrés Iniesta (geboren am 11.
Mai 1984) war in der spanischen
Nationalmannschaft jahrelang
eine entscheidende Figur: Bei
der EM 2008 und 2010 wurde
Iniesta zum besten Spieler des
Turniers gewählt, bei der WM
2010 gelang ihm in der Verlängerung des Endspiels gegen
Holland das Tor, das Spanien
zum Weltmeister machte. Sein
Mitspieler David Silva sagte über
Iniesta: »Ich werde oft gefragt,
ob Messi oder Ronaldo der
Beste ist. Aber für mich ist eines
ganz klar: Andrés Iniesta ist
die Nummer eins. Er ist am Ball
einfach magisch und hat
riesigen Einfluss.«

25. August

Mehmet Scholl und Matthias Opdenhövel (geboren am 25. August 1970 in Detmold) verrichten ihren Job mit der gebotenen Leichtigkeit. »Wie viele Panini-Tütchen hast du gekauft, bis du dein eigenes Bildchen hattest?«, fragte der Moderator seinen Mitstreiter, und das Publikum hatte was zum Schmunzeln. Am besten war Opdenhövel jedoch, als er dachte, sein Mikrofon sei ausgeschaltet und er die Funktionäre des Weltverbandes als »schwindelige Fifa-Flöten« bezeichnete.

10. Mai

Christian Wörns (geboren am 10. Mai 1972) war ein typischer Verteidiger deutscher Prägung, wie ihn die Mannheimer Schule immer wieder hervorbrachte: Hart, kompromisslos, diszipliniert. Solch kernigen Gesellen fliegen hierzulande die Herzen der Fans eigentlich zu, doch der 66-fache Nationalspieler hatte ein Imageproblem. Das mag daran liegen, dass er – von Lothar Matthäus ins Feuer geschickt – beim WM-Viertelfinale 1998 gegen Kroatien nach einer Notbremse vom Platz flog. Um den durchbrechenden Davor Suker zu stoppen, opferte sich Wörns, dem das Ausscheiden dennoch angelastet wurde.

26. August

Die Entscheidung um die Deutsche Meisterschaft 1922 ist ein episches Drama. Im ersten Endspiel zwischen Titelverteidiger 1. FC Nürnberg und dem Hamburger SV fiel keine Entscheidung; als die Begegnung nach über drei Stunden wegen Dunkelheit abgebrochen wurde, stand es 2:2. Auch das Wiederholungsspiel sah nach regulärer Spielzeit keinen Sieger, es stand 1:1. Als Nürnberg in der Verlängerung nur noch sieben Spieler hatte, brach Schiedsrichter Peco Bauwens das Spiel ab, der HSV wurde zum Meister erklärt, verzichtete jedoch. Auf der Meisterschale sind die Namen beider Vereine eingraviert.

9. Mai

Jupp Heynckes (geboren am 9. Mai 1945), der als Aktiver ein begnadeter Torjäger war, kämpfte als Trainer lange mit dem Ruf, ein Pedant zu sein, der sich so sehr aufregen konnte, dass sein Kopf wie eine Glühbirne leuchtete. Das änderte sich mit fortschreitendem Alter. In seiner Spätphase bei Bayern München brachte Heynckes neben seiner Klasse die nötige Gelassenheit in sein Wirken ein und wurde besser denn je. Zum Abschluss seiner außergewöhnlichen Karriere holte er 2013 mit den Bayern das Triple aus Meisterschaft, Pokal und Champions League.

27. August

»Hamann schwang die Abriss-
birne für Wembley«, titelte die
britische Tageszeitung »The
Independent on Sunday«, nachdem der Nationalspieler am
7. Oktober 2000 im letzten Spiel
im alt-ehrwürdigen Wembley
Stadium den 1:0-Erfolg über
England erzielt hatte. Es war ein
Freistoß, der drin war, weil Englands Keeper David Seaman fiel
wie eine Bahnschranke. Der
Treffer von Hamann (geboren am
27. August 1973 in Waldsassen)
ist ein weiteres Kapitel der ewig
jungen Rivalität zweier Fußball-
nationen: Ausgerechnet ein
Deutscher machte im Wohnzim-
mer des Fußballs das Licht aus.

8. Mai

Die Namen der Gegner hätten kaum klangvoller sein können: Gianni Rivera, Romeo Benetti, Karl-Heinz Schnellinger. Trainer war ein gewisser Giovanni Trapattoni – gerade mal 35 Jahre alt. Dennoch setzte sich am 8. Mai 1974 der 1. FC Magdeburg im Pokalsieger-Cup gegen den AC Mailand mit 2:0 durch. Die Magdeburger ließen die Weltklassetruppe aus Italien nicht zur Entfaltung kommen und gewannen nach einem Eigentor von Enrico Lanzi und dem Treffer von Wolfgang Seguin aus spitzem Winkel völlig verdient mit 2:0. Der Wermutstropfen: Nur 4641 Zuschauer verfolgten die Begegnung in Rotterdam im Stadion.

28. August

»15 Minutes of Fame« lautet der berühmte Spruch des amerikanischen Pop-Art-Künstlers Andy Warhol, der jedem Menschen 15 Minuten Ruhm zusicherte. Fred Schaub (geboren am 28. August 1960) brauchte lediglich vier Minuten, um sich unsterblich zu machen: Im Rückspiel des UEFA-Cup-Finals 1980 gegen Borussia Mönchengladbach kam Schaub in der 77. Minute für Norbert Nachtweih ins Spiel, in der 81. Minute erzielte er das Tor des Abends. Durch die Auswärtstor-Regelung gewann die Eintracht den Vergleich nach dem 2:3 im Hinspiel, ganz Frankfurt feierte seinen Helden.

Am 7. Mai 1991 provozierte Frank Ordenewitz beim Pokal-Halbfinale zwischen dem 1. FC Köln und dem MSV Duisburg eine Rote Karte, um eine Sperre für das Finale zu umgehen. Bestärkt wurde er dabei von seinem Trainer Erich Rutemöller, der den legendären Satz sprach: »Mach et, Otze!« Ordenewitz wäre nach zwei Gelben Karten beim Finale raus gewesen, doch die Statuten erlaubten es seinerzeit, eine Rotsperre im normalen Ligabetrieb abzusitzen. Doch weil Rutemöller die Geschichte nach dem Abpfiff in die Mikrofone der Reporter parlierte, wurde Ordenewitz dennoch für das Finale gesperrt.

29. August

Das Spiel zwischen FC Bayern München und SC Freiburg am 31. Spieltag der Saison 1996/1997 verlief eigentlich unspektakulär. Nach 80 Minuten stand es 0:0, als Bayern-Trainer Trappatoni auf die Idee kam, seinen Stürmerstar Jürgen Klinsmann auszuwechseln. Der war außer sich vor Wut, beschimpfte den »Maestro« und trat mit voller Wucht in eine Werbetonne des Batterieherstellers »Sanyo«. Jahre später wurde die malträtierte Tonne von einem Stuttgarter Feinkosthändler für 3000 Euro ersteigert. Das Geld floss in Klinsmanns Stiftung für notleidende Kinder.

6. Mai

Das Spiel hätte eine bessere Kulisse verdient gehabt, schließlich handelte es sich um den größten Erfolg in der Geschichte von Werder Bremen: Am 6. Mai 1992 verirrten sich gerade Mal 15.000 Besucher in das Estadio da Luz, um dem Finale des Europapokals der Pokalsieger beizuwohnen. Werder schlug den AS Monaco nach Toren von Klaus Allofs (40. Minute) und Wynton Rufer (55.) mit 2:0 und durfte den Pott mit zurück an die Weser nehmen. Etwas Vergleichbares ist dem Klub vorher und nachher nicht gelungen. Übrigens: Werder war der letzte deutsche Klub, der diesen Wettbewerb gewann, der 1999 abgeschafft wurde.

30. August

Dragoslav Stepanović (geboren am 30. August 1948 in Rekovac) ist ein echtes Original. So gut wie unter dem bekennenden »Serbo-Hessen« ging es Eintracht Frankfurt seitdem nie wieder: In der Saison 1991/1992 wären die Hessen beinahe Meister geworden. Am letzten Spieltag der Saison hätten sie lediglich noch in Rostock gewinnen müssen, dann wäre alles klar gewesen. Noch heute schwören sie in Frankfurt Stein und Bein, dass sie vom Schiedsrichter krass benachteiligt wurden. Und was sagte »Stepi«, nachdem ihm die Krönung seiner Karriere versagt blieb, in unnachahmlicher Nonchalance: »Lebbe geht weida!«

5. Mai

Beim Meidericher SV (heute MSV Duisburg) mischte Rudi Gutendorf (im Bild oben) 1963 so viel Beton an, dass sie ihm den Beinamen »Riegel-Rudi« verpassten. Irgendwann wurde ihm Deutschland zu klein, Gutendorf wurde zu »Rudi Rastlos«. 56 Stationen in 26 Ländern – es gibt kaum ein Fleckchen Erde, wo dieser Mann noch nicht auf dem Rasenplatz gestanden hat. In Tunesien begegnete er Bundeskanzler Konrad Adenauer. Der gab ihm einen Rat: »Machenses jut, Herr Jutendorf, sonst holen die einen Trainer aus der Soffjetzone.«

31. August

Frank Mill hat eine tolle Karriere hingelegt: Weltmeister 1990, 17 Länderspiele und jede Menge schöner Tore. Doch am Ende wird der Stürmer aus Essen dann doch immer auf jene Szene reduziert, als er Bayerns Torhüter Jean-Marie Pfaff beim Gastspiel von Borussia Dortmund im Münchener Olympiastadion elegant umkurvte, allein aufs Tor lief und den Ball dann aus drei Metern an den Pfosten schob. Für Mill eine albtraumhafte Slapstickszene, die ihn seitdem ständig einholte.

4. Mai

Acht Halbstarke gründeten am 4. Mai 1904 einen losen Verein, dem sie den Namen »Westfalia Schalke« gaben. Zum 100-jährigen Jubiläum eines Klubs, der mittlerweile rund 150.000 Mitglieder hat, schrieb die »Zeit«: »Es ist die Stunde, da die Schalke-Geschichte beginnt, eine Geschichte der Leidenschaft, des Schwindels, der Macht – die Geschichte des legendärsten deutschen Fußballklubs.« Wie wahr. Nirgendwo wird das ewige Drama des Kickens mit all seinen Höhen und all seinen Tiefen so intensiv gelebt wie auf Schalke.

1. September

Ruud Gullit (geboren am 1. September 1962 in Amsterdam) war eine Erscheinung, wenn er mit langen, wehenden Haaren das Mittelfeld durchmaß und den Ball dabei mit durchgedrücktem Kreuz am Fuß führte. Ein toller Akteur, der das Spiel verstand, der es lesen und seine Kollegen dirigieren konnte. Zusammen mit seinen kongenialen Mitstreitern Marco van Basten und Frank Rijkaard wurde Gullit mit Holland Europameister 1988 und prägte beim AC Mailand eine glorreiche Epoche.

3. Mai

Als Deutschland am 1. Juli 1912 mit sage und schreibe 16:0 gegen die russische Auswahl gewann (es ist bis heute der höchste Sieg der deutschen Länderspielgeschichte), kam Gottfried Fuchs (geboren am 3. Mai 1889 in Karlsruhe, im Bild 3. von links) auf eine Quote, von der Uwe Seeler, Gerd Müller und Miro Klose nicht einmal zu träumen wagten: Zehn Tore erzielte der Stürmer, der später auswandern musste, weil er Jude war.

2. September

»Mailand oder Madrid – Hauptsache Italien«, dieses Bonmot von Andreas Möller (genannt Andi, geboren am 2. September 1967 in Frankfurt am Main) gehört zum Schönsten, was uns an Fußballsprüchen überliefert worden ist. In erster Linie wird der pfeilschnelle Mittelfeldspieler, der für Eintracht Frankfurt, Borussia Dortmund, Juventus Turin und Schalke 04 antrat, jedoch aufgrund seiner Auftritte auf dem Rasen in Erinnerung bleiben. Weltmeister 1990, Europameister 1996, 85 Länderspiele. Auch wenn ihm der Ruf eines Weicheis vorauseilte – Möllers Tempodribblings waren begnadet.

2. Mai

Der ruhmreiche FC Bayern im
Pokal-Halbfinale beim Zweitli-
gisten aus Schalke. Was sollte
da schon großartig passieren?
Und dann das: ein Schlagabtausch wie eine durchgeknallte
Achterbahnfahrt. Das Parkstadion
stand Kopf, nach 120 fulminanten
Minuten stand es am Abend des
2. Mai 1984 sage und schreibe
6:6, das Rückspiel gewannen die
Bayern mit 3:2. Beim ersten
Kräftemessen ging der Stern
eines 17-Jährigen auf: Olaf Thon,
ein Teenager aus dem Revier,
der in Bayern-Bettwäsche schlief,
erzielte drei Tore für Schalke,
das letzte in der 120. Minute.

3. September

Kurz vor Beginn der EM 2016 geriet Jérôme Boateng (geboren am 3. September 1988) unfreiwillig in den Fokus der Öffentlichkeit, als sich ein Politiker der AfD zur Aussage hinreißen ließ, so einen wolle man lieber nicht zum Nachbarn haben. Die Folge war eine Welle der Empörung, die durch Deutschland schwappte. Als Boateng dann auch noch im ersten EM-Spiel gegen die Ukraine mit einer spektakulären Rettungstat auf der Linie glänzte, hatte er die Herzen endgültig erobert. Die Folge: Deutschlands Lieblings-Nachbar wurde zum Fußballer des Jahres gewählt.

1. Mai

Am 1. Mai 1984 fand der Begriff »Joker« Eingang in den fußballerischen Sprachgebrauch. Das Pokal-Halbfinale zwischen Gladbach und Werder wurde zu einem unvergesslichen Krimi mit einem Helden: Die Gastgeber führten auf dem Bökelberg bereits mit 3:1, ließen die entfesselten Bremer auf 4:3 davonziehen, und dann schlug die große Stunde eines Spielers, den Trainer Jupp Heynckes in der 82. Minute eingewechselt hatte. Hans-Jörg Criens traf in der 90. Minute zum Ausgleich und entschied in der 107. Minute das Spiel: Es war ein denkwürdiger Schlagabtausch. Dramatischer geht es nicht, dachten die Fans.

4. September

Am 4. September 2008 trat Kevin Keegan als Trainer von Newcastle United zurück, schon zuvor war der frühere Weltklassestürmer bei Manchester City und mit der englischen Nationalmannschaft gescheitert. Als Spieler tat sich der wendige und dribbelstarke Engländer, den sie liebevoll »Mighty Mouse« nannten, wesentlich leichter. Beim Hamburger SV war der Mann, der zuvor mit Liverpool den Europapokal der Landesmeister gewonnen hatte, eine ganz große Nummer. Keegan war so populär, dass der Vorname Kevin, der in Deutschland bis dato nahezu unbekannt war, große Beliebtheit erlangte.

30. April

Preußen Münster gehörte zu den 16 Gründungsmitgliedern der Bundesliga. Die Preußen hielten sich zwar nur ein Jahr und kehrten danach nie wieder zurück, doch diese eine Saison kann den Westfalen keiner nehmen. Zu Beginn der 50er-Jahre stürmt für die Preußen eine fünfköpfige Angriffsreihe, bestehend aus Lammers, Rachuba, Schulz, Preißler und Gerritzen (im Bild). Sie gehört zum Besten, was der deutsche Fußball zu bieten hat. Ein Journalist findet schnell den Namen für diese teure Offensive: der »Hunderttausend-Mark-Sturm«. In Zeiten, in denen für Teenager Millionen hingeblättert werden, hört sich das beinahe niedlich an.

5. September

Nuri Şahin (geboren am 5. September 1988 in Lüdenscheid) war immer der Jüngste: Am 6. August 2005 kam Şahin mit 16 Jahren und 335 Tagen zu seinem Bundesligadebüt und kreierte damit eine neue Bestmarke. Und weiter ging es: In Nürnberg wurde Şahin im Alter von 17 Jahren und 82 Tagen jüngster Bundesliga-Torschütze der Geschichte. Als der Mittelfeldakteur beim Länderspiel gegen Deutschland eingewechselt wurde und kurz darauf traf, wurde er auch noch jüngster türkischer Nationalspieler und jüngster Torschütze der Auswahl.

29. April

Für viele ist das Team, das 1972 Europameister wurde, bis heute die beste deutsche Nationalmannschaft, die je auf dem Rasen gestanden hat. Sepp Maier geht das zu weit: »Zu dieser Zeit damals waren wir die beste, eine Traummannschaft, das stimmt. Aber das Tempo! Das Spiel war so langsam im Vergleich zu heute.« Wie auch immer man die Dinge dreht und wendet: Die DFB-Elf zauberte Traumkombinationen auf den Rasen. Und sie schaffte am 29. April 1972 Historisches: den ersten Sieg auf der Insel. Der 3:1-Sieg in Wembley (Torschützen Hoeneß, Netzer, Müller) war ein Meilenstein in der deutschen Fußballgeschichte.

6. September

Der SSV Ulm hat im deutschen
Fußball kaum Spuren hinterlassen. Nur ein Jahr spielte der
Klub in der 1. Liga, stellte in dieser
Saison allerdings einen Rekord
auf: Vier Platzverweise für eine
Mannschaft in einem Spiel, das
hat es vorher und nachher nicht
gegeben. Beim 1:2 in Rostock
sah sich Schiedsrichter Herbert
Fandel gezwungen, solch drasti-
sche Maßnahmen zu ergreifen.
»Ich denke, alle Platzverweise
waren korrekt.« Der damalige
Ulmer Sascha Rösler stimmt
Fandel zu und räumt ein: »Ich
hätte eigentlich auch noch
rot sehen müssen. Immerhin
habe ich dem Fandel ja fast
in die Nase gebissen.«

28. April

Am 28. April 1923 stieg das erste
Finale um den FA Cup in Wembley.
Bevor die Partie Bolton Wanderers
gegen West Ham United ange-
pfiffen werden konnte, drängten
sich rund 200.000 Besucher im
weiten Rund, weil die Kontrolleure
nicht so genau hingeschaut
hatten. Die Situation drohte zu
eskalieren, an Fußball war nicht
zu denken, bis Constable Scorey
mit seinem Pferd »Billy« für Ordnung sorgte und die Menge sanft
vom Spielfeldrand zurückdrängte.
Mit einer Verspätung von 45 Minuten begann ein Fußballspiel,
das als »White Horse Final«
Eingang in den Legenden-
schatz des britischen Fußballs
gefunden hat.

7. September

Der 7. September 2015 war für
Werder Bremen ein Festtag, denn
es kehrte der Spieler an die Weser
zurück, den sie dort am meisten
verehren: Claudio Pizarro, schlitz-
ohriger, technisch begnadeter
und treffsicherer Torschütze. Der
Peruaner ist nicht nur deshalb
so überaus beliebt, weil er auf
dem Rasen glänzt. Auch im
wahren Leben fliegen ihm die
Herzen zu. Pizarro hält in der
Bundesliga gleich drei Rekorde:
Er ist der am häufigsten einge-
setzte ausländische Spieler, der
erfolgreichste ausländische
Torschütze und Rekordtorschütze
von Werder Bremen. Und
er ist immer für einen coolen
Spruch gut.

27. April

Franz Roth (geboren am 27. April 1946), den sie in München immer nur »Bulle« riefen, schoss die Bayern gleich drei Mal zum Gewinn des Europapokals: So traf er 1967 in Nürnberg beim 1:0-Endspielsieg im Europapokal der Pokalsieger gegen die Glasgow Rangers, 1975 im Endspiel des Europapokals der Landesmeister in Paris gegen Leeds United markierte er das erste Tor (Endstand: 2:0), und im Jahr darauf in Glasgow gelang ihm gegen AS Saint-Étienne das Tor des Abends zum 1:0-Endstand. Drei Mal in einem europäischen Finale den Führungstreffer zu erzielen, das ist bisher keinem anderen Spieler gelungen.

8. September

Ricardo Zamora (geboren am
21. Januar 1901 in Barcelona,
gestorben am 8. September
1978 ebenda) bekam den Beinamen »Der Göttliche«. Als
Jugendlicher kam er eher zufällig
zum Fußball. Zamora war der
erste Star, der den Weg vom
FC Barcelona zum verhassten
Erzrivalen Real Madrid ging.
Die Rekord-Ablöse von 150.000
Peseten lohnte sich: Der »Göttliche« führte die »Königlichen«
zwei Mal zum Gewinn der Meisterschaft. Um der Legende ein
Denkmal zu setzen, wird in der
spanischen Liga der Torhüter
mit den wenigsten Gegentoren
am Ende jeder Saison mit der
»Trofeo Zamora« ausgezeichnet.

26. April

Jürgen Kohler hat in seiner
Karriere viel erreicht, doch seinen
größten Auftritt legte der Pfälzer
im Trikot von Borussia Dortmund hin. Im Rückspiel im
Champions-League-Halbfinale
bei Manchester United hätte der
BVB auch gut und gerne zwei-
stellig verlieren können, doch
Kohler rettete allein drei Mal
auf der Linie. Einmal mit dem
Rücken gegen Eric Cantona, der
noch heute deswegen schweiß-
gebadet aufwachen dürfte. Die
Borussia gewann 1:0, zog ins
Finale ein, und das Revier hatte
seinen Helden: »Jür-gen Koh-ler
Fuß-ball-gott!«

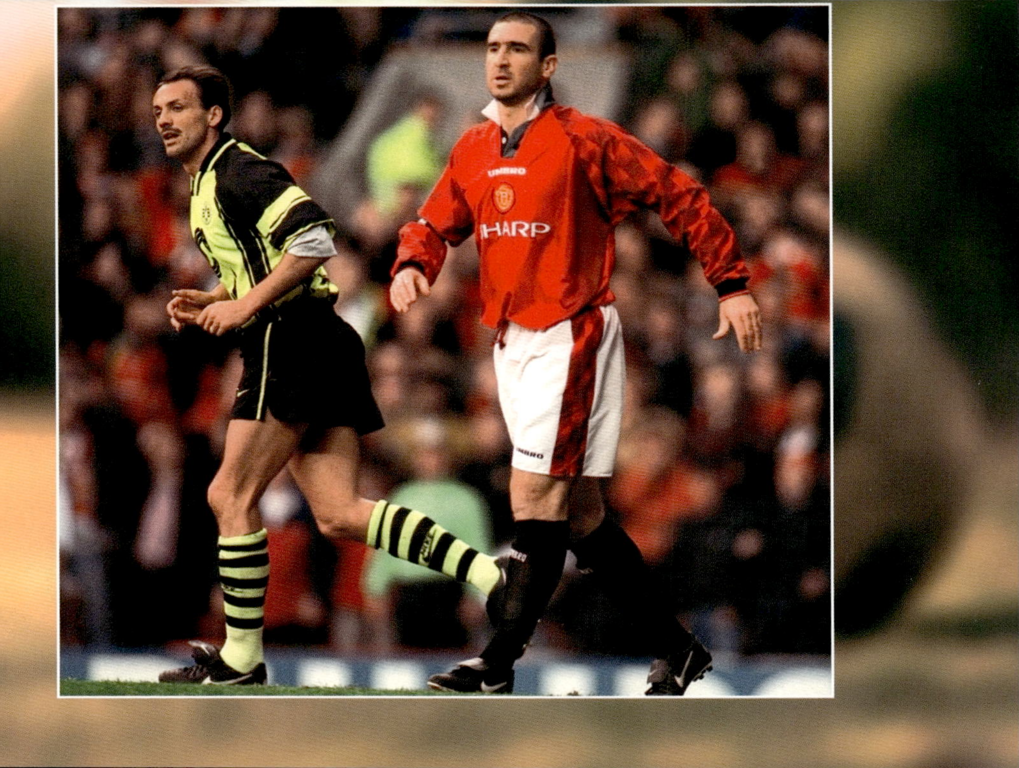

9. September

Fünf Mal feierte der VfB Stuttgart (gegründet am 9. September 1893) in seiner Vereinsgeschichte die Deutsche Meisterschaft, drei Mal den Pokalsieg. Mit dem »magischen Dreieck« Balakov, Bobic und Elber schrieb der Verein Bundesligageschichte, hatte in Allgöwer und Klinsmann außergewöhnliche Protagonisten und hatte mit Fritz Walter einen Mittelstürmer, der mit dem Gebrauch von Fremdworten bestens vertraut war. Walters Bonmot hat den Weg in den reichhaltig gefüllten Zitatenschatz der Liga gefunden: »Der Jürgen Klinsmann und ich, wir sind ein super Trio!«

25. April

Ein charismatischer Mann, ein schlacksiger Kerl mit langen Haaren, ein begnadeter Techniker, ein toller Dribbler mit strategischem Weitblick und später, als er den Rasen verlassen hatte, ein genialer Trainer: Johann Cruyff (geboren am 25. April 1947 in Amsterdam) konnte alles am Ball und verstand alles vom Sport, dem er so viel verdankte und dem er so viel zurückgab. Cruyff wurde zu Europas Fußballer des Jahrhunderts gewählt, hatte aber ein Laster, das ihm schließlich zum Verhängnis wurde: Selbst in der Halbzeitpause genehmigte er sich eine Camel ohne, mit 68 erlag er einem Krebsleiden.

10. September

Von exorbitanten Gehältern vermochten die Fußballer von gestern nicht einmal zu träumen. Zum Beispiel Max Morlock, der als Mittelstürmer heute Reichtümer anhäufen würde. Der bodenständige Franke blieb seiner Heimat und seinem Verein 1. FC Nürnberg immer treu und verzichtete auf viel Geld. Stattdessen gab es für den Helden von Bern kleine Zuwendungen: Als es nach dem Zweiten Weltkrieg kaum etwas gab, erhielt Morlock vom Metzger Strehl, dessen Sohn ebenfalls für den Club auflief, jeden Samstag um drei Uhr nachmittags ein kleines Paket mit Wurst und Fleisch.

24. April

Heinz Krügel (geboren am 24. April 1921) war einer der erfolgreichsten und streitbarsten Fußballtrainer der DDR. Krügel hatte ein untrügliches Gespür für Talente, er führte den 1. FC Magdeburg zu zahlreichen Titeln, unter anderem zum einzigen Gewinn eines DDR-Klubs im Europapokal. Sein starker Charakter war Krügels Markenzeichen. In Magdeburg haben sie ihn nie vergessen. Am 17. August 2014 wurde das von Fans gestiftete Heinz-Krügel-Denkmal eingeweiht.

11. September

Franz Beckenbauer (geboren am 11. September 1945), Weltmeister 1974 als Spieler und 1990 als Trainer sowie zahlreiche weitere große Erfolge mit der Nationalmannschaft und dem FC Bayern München. Als es ihm auch noch gelang, die WM 2006 nach Deutschland zu holen, schien das die Krönung einer einmaligen Karriere zu sein. Doch als herauskam, wie viel beim Bewerbungsverfahren gemauschelt wurde, fielen erste Schatten auf die Lichtgestalt, die sich weiter verdunkelten, als ruchbar wurde, dass der »Kaiser« seinen Job mitnichten im Ehrenamt verrichtet, sondern ein Honorar von 5,5 Millionen Euro kassiert hatte.

Am 23. April 2013, dem Tag vor dem Halbfinal-Hinspiel gegen Real Madrid, versank die Stadt Dortmund in Agonie. Irgendjemand hatte zum ungünstigsten Zeitpunkt durchsickern lassen, dass Mario Götze, Held und Hoffnungsträger eines ganzen Vereins, zum ungeliebten Rivalen nach München wechseln würde. Trainer Jürgen Klopp schwor seine Mannschaft ein und hoffte auf eine Trotzreaktion. Und siehe da, der BVB erwischte gegen die »Königlichen« eine Sternstunde, was vor allem einem Mann geschuldet war: Robert Lewandowski schoss die Spanier beim triumphalen 4:1 im Alleingang aus dem Stadion.

12. September

Heiner Stuhlfauth (geboren am 11. Januar 1896 in Nürnberg, gestorben am 12. September 1966 ebenda) war einer der ersten Stars, die der deutsche Fußball hervorgebracht hat. Der Torhüter, der den 1. FC Nürnberg, für den er 606 Mal die Schuhe schnürte, von 1920 bis 1927 fünf Mal zur Deutschen Meisterschaft führte, war zwischen den Pfosten überragend und außerhalb eine echte Führungspersönlichkeit. Mit 21 Einsätzen in der Nationalmannschaft war Stuhlfauth zeitweise Rekord-Nationalspieler. Stuhlfauth war ein früher Vertreter des mitspielenden Torwarts und damit so etwas wie der Prototyp des Manuel Neuer.

22. April

Den Namen Michael Kutzop hätten die meisten Fußballanhänger wahrscheinlich längst vergessen, gäbe es da nicht diese eine Szene. Kutzop war ein solider Außenverteidiger in Diensten von Werder Bremen und zudem ein sicherer Elfmeterschütze. Bis auf diesen einen Strafstoß, der sein wichtigster war und den er verschoss: Im Spitzenspiel gegen die Bayern stand es 0:0, als Kutzop antrat und den Ball an den Pfosten setzte. Ein Sieg hätte Werder zum Titel gereicht, doch es kam so wie meist: Am Ende reckte der Dominator aus dem Süden die Schale nach oben.

13. September

Thomas Müller (geboren am 13. September 1989) ist ein Phänomen. Der Typ hat dürre Beine, pflegt einen unkonventionellen Spielstil und findet Laufwege, die sonst keiner nehmen würde. Der Typ ist mit normalen Maßstäben einfach nicht zu greifen, und das nutzt er gnadenlos aus. Bei der WM 2010 in Südafrika ging Müllers Stern kometenhaft auf, mit fünf Treffern und drei Torvorlagen sicherte sich das urbayerische Phänomen den Goldenen Schuh als Torschützenkönig. Vier Jahre später war er Weltmeister und am Ziel seiner Träume.

21. April

Roy Keane darf für sich die traurige Ehre in Anspruch nehmen, die Mutter aller hässlichen Fouls begangen zu haben. Am 21. April 2001 trat er im Dress von Manchester United im Stadtderby gegen City den Norweger Alf-Inge Haland mit gestrecktem Bein brutal gegen das Knie. Und das mit voller Absicht. »Nimm das, du Schwein. Und steh niemals mehr über mir und spotte über gefakte Verletzungen«, schreibt er in seiner Biografie über die vorsätzliche Körperverletzung. Haland hatte Keane vier Jahre zuvor der Schauspielerei bezichtigt – während Keane mit einem Kreuzbandriss auf dem Boden lag.

Sie nannten ihn »Rebell am Ball«, weil er nicht dem Klischee entsprach, das man in den 70ern von Fußballprofis hatte. Günter Netzer war anders: Lange, wehende Haare, den Ball wie ein mystisches Relikt streichelnd, bevor er ihn über die Mauer hob und im Winkel versenkte. Er fuhr nicht Mercedes, sonders Ferrari, er kaufte sich keine Bausparverträge, sondern eröffnete in Mönchengladbach die Diskothek »Lovers Lane«. Und er eckte mit seinem Trainer an, dem gestrengen Hennes Weisweiler, der Netzers Genie erkannte.

20. April

Am 20. April 1968 hütete Dino Zoff im Spiel gegen Bulgarien erstmalig das Tor der italienischen Nationalmannschaft. Es begann eine der größten Karrieren, die ein Torhüter im Weltfußball erlebte: Zoff ist der älteste Spieler, der je Fußballweltmeister wurde, 1982 führte »Dino Nazionale« die Squadra im Alter von 40 Jahren als Mannschaftskapitän in das Finale gegen Deutschland, das die Italiener völlig verdient mit 3:1 gewannen. Zoff war kein begnadetes Talent, sondern ein zäher Kämpfer, der verbissen trainierte und seine Abwehr mit Ruhe und Souveränität zusammenhielt.

15. September

Lasst uns diesen Mann mit den Worten von Udo Jürgens würdigen: »Die Mütze ins Gesicht gedrückt, die Miene unbewegt, würdevoll und doch gebückt, scheinbar ruhig und doch erregt. So hat man dich am Spielfeldrand wohl hundertmal geseh'n, doch bald wird nun ein anderer, an deiner Stelle stehn. Der Mann mit der Mütze geht nach Haus. Die lange Zeit des Langen, sie ist aus. Der Mann mit der Mütze geht nach Haus, und uns're Achtung nimmt er mit und unseren Applaus!« Helmut Schön (geboren am 15. September 1915 in Dresden) ist hier im Bild zu sehen mit seinem Nachfolger (Jupp Derwall).

19. April

Otto Nerz war der erste feste Trainer einer deutschen Nationalmannschaft. Er galt als profunder Kenner des Fußballs, als Taktikfuchs mit gutem Auge für Talente. Unter Nerz erreichte die deutsche Auswahl bei der WM 1934 den dritten Platz. Wenig ruhmreich ist das Verhalten von Nerz nach der Machtergreifung der Nazis 1933. Nerz, bis dato Mitglied der SPD, trat zuerst in die SA und später in die NSDAP ein, zudem propagierte er eine antisemitische Haltung in Artikeln wie etwa »Europas Sport frei vom Judentum« aus dem Jahr 1943. Nach dem Zweiten Weltkrieg wurde Nerz von der Roten Armee inhaftiert.

16. September

So schnell war noch keiner:
Timo Werner kam im September
beim Gastspiel von RB Leipzig in
Köln in der 82. Minute ins Spiel
und sorgte damit für eine neue
Bestmarke. Werner absolvierte
seinen 100. Auftritt in der 1. Liga,
mit 20 Jahren und 203 Tagen ist
er der Jüngste, der diese Marke
erreicht hat. Zuvor hielt Julian
Draxler den Rekord, er war im
Trikot des FC Schalke 04 22 Tage
älter, als er die Schallmauer
durchbrach. Für den Youngster
bedeutete die Bestmarke »keinen
Grund, mich darauf auszuruhen,
sondern Ansporn, weiter an mir
zu arbeiten und Gas zu geben«.

18. April

Im April 1977 gab beim 5:0-Sieg
der deutschen Nationalmannschaft im Müngersdorfer Stadion
ein junger Mann sein Debüt im
schwarz-weißen Dress, der so
herzerfrischend aufspielte, dass
ihn die Zuschauer direkt in ihr
Herz schlossen: Rüdiger Abramczik
rannte die rechte Außenbahn
rauf und runter, dabei schlug er
solch herrliche Flanken, das
musste einfach der legitime
Nachfolger von »Stan« Libuda
sein. Und siehe da, der Junge lief
auch noch für den gleichen Verein
auf: Schalke 04. Flanke »Abi«,
Tor Fischer, das war mit Abstand
das Beste, was die »Knappen«
zu dieser Zeit zu bieten hatten.

17. September

Lassen wir doch einfach mal die Fans ein bisschen singen: »Zebrastreifen weiß und blau, Zebrastreifen weiß und blau. Ein jeder weiß genau: Das ist der M-S-V!« Der »Zebra Twist« ist und bleibt ein Klassiker. Am 2. Juni 1902 wurde der MSV Duisburg unter dem Namen Meidericher Spielverein in der damals selbstständigen Gemeinde Meiderich gegründet und am 17. September desselben Jahres in den Westdeutschen Fußball-Verband aufgenommen. In der Premierensaison der Bundesliga sicherten sich die Duisburger unter dem als »Riegel-Rudi« bekannten Trainer Rudi Gutendorf völlig überraschend die Vizemeisterschaft. Mit wenig Geld und viel Leidenschaft. Später stellte der Verein mit Bernhard Dietz, den sie »Ennatz« riefen, den Kapitän der Nationalmannschaft, die 1980 Europameister wurde. Große Meriten für einen Klub, der sein Dasein meist im Schatten der Revierriesen aus Schalke und Dortmund fristete.

17. April

Horst Hrubesch (geboren am 17. April 1951 in Hamm) ist als Kind des Ruhrgebiets eine durch und durch ehrliche Haut. Das honorieren unter anderem auch die größten deutschen Talente, die Hrubesch seit Jahren mit großem Erfolg als Junioren-Bundestrainer betreut, obwohl der Altersunterschied beträchtlich ist. Seine größte Zeit als Fußballer erlebte das Kopfball-Ungeheuer (Europameister 1980) beim Hamburger SV, mit dem er 1983 im Finale gegen Juventus Turin den Europapokal der Landesmeister gewann. Bei seiner Verabschiedung sagte Hrubesch gerührt: »Ich sage nur ein Wort: Vielen Dank!«

18. September

Am 18. September 1976 gastierte der FC Bayern München in Bochum, der Ausgang der Bundesligapartie war klar, schließlich kam die Macht aus dem Süden mit Spielern wie Beckenbauer, Hoeneß, Rummenigge und Gerd Müller. Doch dann führte der krasse Außenseiter in der zweiten Hälfte plötzlich mit 4:0, und das Ruhrstadion erbebte in seinen Grundfesten. Doch die Bayern schlugen eiskalt zurück, als der Schlusspfiff ertönte, hatten sie mit 6:5 gewonnen. Es war eines der unglaublichsten Spiele der Bundesliga-Historie.

16. April

Spiele zwischen Borussia Dortmund und Bayern München sind immer emotionsgeladen, aber an jenem Nachmittag im April 1999 ging es im prall gefüllten Westfalenstadion besonders hitzig zu. Und das lag an Oliver Kahn: Der »Titan« rastete komplett aus, knabberte wie wild am Ohr von BVB-Stürmer Heiko Herrlich herum und hätte Stephane Chapuisat mit einer Kung-Fu-Attacke beinahe in die ewigen Jagdgründe geschickt. Es waren die Provokationen, die Bananen, die auf Kahn flogen, und noch viel mehr, was den Bayern-Keeper in Wallung brachte.

19. September

Viele erinnerte David Seaman (geboren am 19. September 1963) mit seinem Schnäuzer und dem Pferdeschwanz an einen Pornodarsteller. Doch der Mann war Torhüter, ein ziemlich erfolgreicher zudem. Seaman holte mit dem FC Arsenal zahlreiche Titel, mit der englischen Nationalmannschaft blieben ihm große Triumphe allerdings verwehrt. Das lag unter anderem an Deutschland …

15. April

Es war eine der größten Katastrophen der Fußballgeschichte, ein Trauma für den FC Liverpool, England und die ganze Fußballwelt: Am 15. April 1989 starben im Hillsborough Stadion in Sheffield während des FA-Cup-Halbfinals zwischen Liverpool und Nottingham 96 Menschen, 766 wurden verletzt. Auslöser der Tragödie waren Fehler der Polizei, die 2000 Fans in einen bereits überfüllten Block ließ, und nicht – wie jahrelang von behördlicher Seite behauptet – das Fehlverhalten der Zuschauer.

20. September

Walter Eschweiler (geboren am 20. September 1935 in Bonn) war ein Schiedsrichter, der sich weltweiter Beliebtheit erfreute, weil er in der Lage war, selbst kniffligste Situationen mit rheinischem Humor zu moderieren. Als Eschweiler bei der WM 1982 über den Ball stolperte und bei diesem Sturz zwei Zähne verlor, eilte Außenminister Dietrich Genscher nach dem Schlusspfiff zum Unparteiischen, um sich nach dessen Befinden zu erkundigen. Eschweiler beschwichtigte mit einem Grinsen: »Lieber Herr Minister, außer dem angeborenen Dachschaden keine weiteren Verschlechterungen.«

14. April

Der VfL Bochum trägt zwar die Jahreszahl 1848 in seinem Vereinsnamen, de facto wurde der Klub allerdings am 14. April 1938 gegründet, die Ursprünge reichen jedoch bis ins Jahr 1848 zurück. Der Verein tut sich seit Generationen schwer, sich zwischen den Revier-Giganten Borussia Dortmund und Schalke 04 zu behaupten, insofern ist es beachtlich, wie viel der VfL erreicht hat, auch wenn die einstmals »Unabsteigbaren« sich mittlerweile an das Gefühl gewöhnen mussten, den Existenzkampf zu verlieren. Was bleibt: viele Jahre erste Liga, viele Jahre vor allem bei den Heimauftritten gefürchtet wegen seiner Kampfkraft.

21. September

Werder Bremen war an einem feucht-kalten Septemberabend 1989 im Hamburger Volkspark zu Gast, als die fatalen Dinge ihren Lauf nahmen: Rune Bratseth lupfte den Ball über HSV-Keeper Richard Golz, Ditmar Jakobs rannte hinterher, schlug das Leder von der Linie und rauschte ungebremst ins Netz. Die Fans feierten ihren Helden, doch war es die letzte Aktion in der Karriere des 36-Jährigen. Ein Karabinerhaken hatte sich in den Rücken von Jakobs gebohrt. Der Haken musste herausgeschnitten werden, wobei auch Nervenbahnen in Mitleidenschaft gezogen wurden. An den Folgen leidet Jacobs noch heute.

13. April

Rudi Völler (geboren am 13. April im hessischen Hanau) ist einer der großen Stürmer in der deutschen Fußballgeschichte. Weltmeister 1990, Champions-League-Sieger 1993 mit Olympique Marseille und später als Teamchef Vize-Weltmeister mit Deutschland bei der WM 2002. Berühmtheit erlangte »Tante Käthe« nicht nur für seine vielen Tore, sondern auch durch die »Lama-Affäre« mit Hollands Verteidiger Reijkard und seinen TV-Ausraster nach einem EM-Qualifikationsspiel gegen Island: »Waldi, du sitzt hier bequem auf deinem Stuhl, hast drei Weißbier getrunken und bist schön locker!«

22. September

Robert Lewandowski war not amused: 45 Minuten hatte ihn sein Trainer Pep Guardiola am 22. September 2015 beim Heimspiel der Bayern gegen den VfL Wolfsburg zuschauen lassen, zur zweiten Halbzeit ließ er den polnischen Stürmer endlich auf den Rasen. Und der ließ alles raus, was sich in ihm angestaut hatte: Fünf Tore in handgestoppten acht Minuten und 59 Sekunden. So etwas hatte es in der Geschichte der Bundesliga noch nie gegeben – und sehr wahrscheinlich wird dieser Auftritt auch bis in alle Ewigkeiten ein Unikat bleiben.

12. April

Auch wenn er stets ein wenig im Schatten von Hamburg und Bremen steht, gehört Hannover 96 zu den wichtigen Traditionsklubs. Am 12. April 1896 wurde der Verein gegründet, allerdings wurde zunächst Rugby gespielt. Erst zwei Jahre später fand 96 zu seiner wahren Bestimmung, fortan wurde gekickt. Immerhin zwei Meistertitel gab es bis heute zu feiern (1938 und 1954). Wobei der zweite Triumph besonders bemerkenswert ist, schließlich wurde im Endspiel der 1. FC Kaiserslautern nach allen Regeln der Kunst abgefiedelt: 5:1 lautete das Endresultat gegen einen Gegner, der wenig später fünf Weltmeister stellte.

23. September

In Frankfurt werden sie Jan Aage Fjörtoft wohl bis in alle Ewigkeit immer für diese Aktion verehren: Es ist der 34. Spieltag der Saison 1998/1999, Saisonfinale in der Bundesliga. Fjörtofts Eintracht liegt auf Tabellenplatz 16, der Abstieg droht. Doch dann gelingt den Hessen das irrste Comeback der Bundesliga-Geschichte. In der zweiten Halbzeit wird Kaiserslautern gedemütigt, es steht 4:1, doch es fehlt immer noch ein Treffer zur Rettung: Und dann kommt Fjörtoft, narrt Lautern-Keeper Andreas Reinke mit einem unglaublich frechen Übersteiger und trifft. Am Ende ist es genau dieses Tor, das die Eintracht rettet.

11. April

Die Liste der Torschützen:
Con Boutsianis, Archie Thompson,
David Zdrilic, Aurelio Vidmar,
Tony Popovic, Tony Popovic,
David Zdrilic, Archie Thompson,
David Zdrilic, Archie Thompson,
Archie Thompson, Archie
Thompson, David Zdrilic, Archie
Thompson, Archie Thompson,
Archie Thompson, Con Boutsianis,
Simon Colosimo, Fausto De
Amicis, Archie Thompson, David
Zdrilic, Archie Thompson, Archie
Thompson, David Zdrilic, David
Zdrilic, Aurelio Vidmar, Simon
Colosimo, Con Boutsianis, Archie
Thompson, Archie Thompson,
David Zdrilic. Mit 31:0 schlug
Australien am 11. April 2001 das
Team von Amerikanisch Samoa.

24. September

Dieser Auftritt ließ wirklich keinen kalt, der ihn miterlebte: Nach dem Ende der Saison 2007/2008 nahm Jürgen Klopp zusammen mit 20.000 Fans einen tränenreichen Abschied von seinem Verein Mainz 05. Als »Kloppo« zum letzten Mal zum Mikro griff, herrschte in der Karnevalsstadt der emotionale Ausnahmezustand: »Alles, was ich bin, alles, was ich kann, habt ihr mich werden lassen. Alles!« Für diesen Satz benötigte Klopp knapp zwei Minuten, weil er immer wieder von Weinkrämpfen unterbrochen wurde.

10. April

Helenio Herrera (geboren am
10. April 1910 in Buenos Aires)
ist der Protagonist einer Fußball-
epoche, die Ästheten und Schön-
geister am liebsten aus der
Historie verbannen würden. Als
Trainer von Inter Mailand erfand
Herrera eine ultradefensive
Spielweise, die den Namen
Catenaccio (italienisch für Tür-
riegel) erhielt. Seine Mannschaft
agierte zwar überaus erfolgreich,
aber auch so destruktiv, dass
sich Herrera den Beinamen
»Totengräber des Fußballs«
erwarb. Seine Maxime hängte
Herrera auf einem Schild in
der Inter-Kabine auf:
»Klasse + Vorbereitung, Athletik
+ Intelligenz = Meisterschaft.«

25. September

Als dieser junge Mann beim großen FC Bayern München ankam, dachten die gestandenen Profis, da habe sich einer verlaufen. Karl-Heinz Rummenigge (geboren am 25. September 1955 in Lippstadt) sah aus, als gehöre er in die B-Jugend. »Das wird nie einer«, sagte Franz Beckenbauer, doch dieses Mal irrte der »Kaiser«. Der schüchterne Jüngling, den sie als »Rotbäckchen« verspotteten, biss sich bei den Großen durch, weil sein Trainer Udo Lattek das ungeheure Potenzial des pfeilschnellen Stürmers erkannte.

9. April

Alfred Preißler (geboren am
9. April 1921 in Duisburg, gestorben am 15. Juli 2003 ebenda),
den alle nur »Adi« riefen, war ein
begnadeter Spielmacher, auch
wenn er nur zwei Länderspiele
bestritt, weil Bundestrainer Sepp
Herberger auf den noch einen
Tick begnadeteren Fritz Walter
setzte. Preißler, der Borussia
Dortmund 1956 und 1957 als
Kapitän zum Gewinn der Deutschen Meisterschaft führte, trug
sein Schicksal ehrenhaft und
hinterließ der Nachwelt einen
Spruch, der bis in alle Ewigkeit
gültig ist: »Grau is alle Theorie –
entscheidend is auf'm Platz.«

26. September

Am 26. September 1969 wurde Bundesliga-Geschichte geschrieben, als Hertha BSC am sechsten Spieltag der Saison gegen den 1. FC Köln antrat und 88.075 Zuschauer im ausverkauften Olympiastadion das Spiel sehen wollten. Niemals zuvor und danach sahen mehr Zuschauer ein Bundesligaspiel. Es ist ein Rekord für die Ewigkeit, weil in Deutschland mittlerweile kein Stadion mehr über die Kapazität des alten Olympiastadions verfügt. Die größte Arena der Neuzeit steht in Dortmund und fasst etwas mehr als 80.000 Besucher. Die Hertha gewann das Spiel durch ein Kopfballtor von Wolfgang Gayer mit 1:0.

8. April

Hans-Joachim Osmers galt als untadliger Schiedsrichter, der seinen Job unauffällig verrichtete, bis ihm ein Fauxpas unterlief, über den ganz Deutschland diskutierte: Im April 1994 bugsierte Thomas Helmer den Ball beim Spiel Bayern gegen Nürnberg nach einem Eckball knapp am linken Pfosten vorbei, doch zur Verwunderung aller gab Osmers den Treffer. Der Ausdruck »Phantomtor« war geboren und fand Eingang in den Sprachschatz der Fußballer. Er habe gesehen, wie sein Assistent mit der Fahne signalisiert habe: »Tor für Bayern«, sagte der Unparteiische später, was Helmer auf Nachfrage bestätigte.

27. September

Wenn Claudio Gentile (geboren am 27. September 1953 in Tripolis, Libyen) Anlauf nahm, gab es auf die Socken. Und zwar richtig. Bei der WM 1982 in Spanien, die Italien am Ende mit dem Titel krönte, schaltete der eisenharte Verteidiger von Juventus Turin zuerst Diego Armando Maradona (Argentinien) und dann mit Zico (Brasilien) noch einen weiteren Superstar aus. In der Wahl seiner Mittel war Gentile nie zimperlich, das bekam auch Lars Bastrup beim Europapokalfinale 1983 zu spüren, das der Hamburger SV mit 1:0 gegen Juve gewann. Mit einem brutalen Schlag ins Gesicht brach Gentile dem Dänen den Kiefer.

7. April

Julius Hirsch (geboren am 7. April 1892 in Achern, im Bild ganz links) wurde von seinen Freunden »Juller« genannt und war ein hochveranlagter deutscher Fußballspieler. Der kleine, schnelle Außenspieler mit dem starken linken Fuß absolvierte sieben Länderspiele. Nach der Machtergreifung der Nazis wurde er als Jude verfolgt und nach Auschwitz-Birkenau deportiert, wo er ermordet wurde. Ihm zu Ehren rief der DFB 2005 den Julius-Hirsch-Preis ins Leben, mit dem besonderer Einsatz für Toleranz und Menschenwürde, gegen Extremismus, Fremdenfeindlichkeit und Antisemitismus ausgezeichnet werden.

28. September

Der 1. FC Kaiserslautern: Kein anderer Verein aus einer vergleichbar kleinen Stadt konnte solch eine Bedeutung erringen: fünf Weltmeister von 1954, unter ihnen die sagenumwobenen Walter-Brüder, der einzige Verein, der als Aufsteiger sofort Meister wurde (Saison 1997/ 1998) und mit dem Betzenberg ein legendäres Stadion. »In Kaiserslautern spürte man den Hass«, so »Bulle« Roth vom FC Bayern München, der in diesem Hexenkessel jahrelang nichts zu holen hatte.

6. April

Als die Bundesliga laufen lernte, gab es gerade mal drei Ausländer. Wohlgemerkt: Bei allen Klubs zusammen. Wie sehr sich die Zeiten geändert hatten, dokumentierte Energie Cottbus am 6. April 2001, als der Verein den VfL Wolfsburg empfing. Das Team von Trainer Eduard Geyer schrieb Geschichte, weil bei einem Bundesligakick erstmals elf ausländische Profis bei einer Mannschaft in der Startaufstellung standen: Piplica, Hujdurovic, Matyus, Akrapovic, Kobylanski, Latoundji, Miriuta (im Bild), Reghecampf, Vata, Franklin, Labak. Wer diese Aufstellung frei rezitieren kann, bitte melden!

29. September

Um beim FC Liverpool den Heldenstatus eines Bill Shankly (geboren am 2. September 1913 in Glenbuck, gestorben am 29. September 1981 in Liverpool) zu erlangen, müsste »Kloppo« bei den Reds wahrscheinlich noch zehn Jahre auf der Bank sitzen und 20 Titel gewinnen. Der Schotte führte Liverpool in die 1. Liga, machte den Klub zum erfolgreichsten Verein Englands und hinterließ der Nachwelt einen Spruch für die Ewigkeit: »Einige Leute halten Fußball für einen Kampf um Leben und Tod. Ich mag diese Einstellung nicht. Ich versichere Ihnen, dass es sehr viel ernster ist!«

5. April

Tomislav Piplica (geboren am
5. April 1969) war ein grundsolider
Torhüter, aber in die Ruhmeshalle
der Bundesliga hätte er es nie
geschafft, wäre ihm im Heimspiel von Energie Cottbus gegen
Borussia Mönchengladbach
nicht jenes unglaubliche Miss-
geschick passiert: Gladbachs
Marcel Witeczek schoss von der
Strafraumgrenze, der Ball wurde
abgefälscht und flog im hohen
Bogen in Richtung Cottbuser
Tor. Piplica machte ein paar
Schritte zurück, aber die Hände
nahm er nicht nach oben, um
den Ball zu fangen oder wenigstens über die Latte zu lenken.
Er fiel von oben auf Piplicas
Kopf und von dort ins Netz.

30. September

In Deutschland wird Frank Rijkaard immer noch von vielen auf jene Szene reduziert, die um die Welt ging und ihm den Spitznamen »Lama« einbrachte: Beim WM-Achtelfinale 1990 gegen Deutschland gingen dem Holländer sämtliche Gäule durch, und er bespuckte seinen Gegenspieler Rudi Völler, wofür er völlig zu Recht vom Platz flog. Die Wogen schlugen hoch, ein ganzes Land war empört über diese Entgleisung, doch Völler und Rijkaard versöhnten sich sechs Jahre später bei einem gemeinsamen Frühstück in einem Hotel in Bergisch Gladbach, als sie sich gemeinsam in Bademäntel ablichten ließen.

4. April

Immer wieder ist der VfL Wolfsburg verspottet worden als schnöder Werksklub, der seine Daseinsberechtigung einzig und allein den vielen Millionen verdankt, die der Autogigant Jahr für Jahr in die Mannschaft pumpt. Am 4. April 2009 (26. Spieltag) haben die Wolfsburger der Bundesliga jedoch einen unvergesslichen Moment geschenkt: Stürmer Grafite erzielte beim denkwürdigen 5:1 gegen die Bayern nach einem Sololauf ein phänomenales Tor mit der Hacke und demütigte den Rekordmeister. Am Ende holte der VfL unter Trainer Felix Magath sogar die Meisterschale in die Autostadt.

1. Oktober

Einen wie Petar Redenkovic (geboren am 1. Oktober 1934 in Belgrad) hatte Fußball-Deutschland noch nicht gesehen: Der Jugoslawe weigerte sich, als Torhüter auf der Linie zu kleben, seine Ausflüge waren berüchtigt, lange bevor Manuel Neuer diese Disziplin veredelte. Und der Mann, der 1860 München 1966 zur Meisterschaft führte, hatte auch noch Qualitäten als Entertainer: »Bin i Radi, bin i König«, hieß der Gassenhauer, den »Radi« der Nachwelt hinterließ. Das galt so lange, bis in München ein anderer Keeper als Platzhirsch übernahm: »Bin i Radi, bin i Depp – König ist der Maier Sepp.«

3. April

Hans-Georg »Katsche« Schwarzen-
beck (geboren am 3. April 1948)
stand als Adjudant des Kaisers
immer im Schatten von Frank
Beckenbauer. Der Weltmeister
von 1974 und Europameister
von 1972 brauchte es nicht, im
Mittelpunkt zu stehen. Nach seiner
Karriere eröffnete er einen
Schreibwarenladen und kickte
für die alten Herren des FC Bayern.
Einmal allerdings trat »Katsche«
aus dem Schatten des Kaisers:
Beim Europapokal-Endspiel
gegen Atletico Madrid schoss er
in der Verlängerung mit einem
Weitschuss den 1:1-Ausgleich
und ermöglichte so den
Triumph im Wiederholungsspiel.

2. Oktober

Hätten die Menschen geahnt, welch historische Tragweite dieses Spiel hat, wären mit Sicherheit mehr Menschen in das Stadion an der Gellertstraße geströmt als jene 11.900, die sich am 2. Oktober 1990 zur ersten Runde der Europa League zwischen dem Chemnitzer FC und Borussia Dortmund einfanden. Es war das letzte Duell zwischen einem Klub aus der Bundesliga und einem Verein aus der DDR-Oberliga, der Schlussakkord verlief wenig spektakulär: Der BVB gewann durch Treffer von Thomas Helmer und Michael Rummenigge standesgemäß mit 2:0, kurz darauf wurde das Buch DDR-Fußball zugeklappt.

2. April

Am 2. April 1955 debütierte
Duncan Edwards in der englischen
Nationalmannschaft, es war ein
tolles 5:2 gegen Schottland. Da
war Edwards 18 und galt als das
größte Juwel im englischen Fußball. Doch er durfte seine so üppig
vorhandenen Möglichkeiten nur
viel zu kurz vorführen, weil er bereits mit 21 Jahren starb. Edwards
saß in jener Maschine, die am
7. Februar 1958 beim Rückflug
von Belgrad nach einer Zwischenlandung in München verunglückte.
Sieben Spieler von Manchester
United verbrannten, Edwards
erlag am 21. Februar seinen
Verletzungen. Trainer Matt Busby:
»Einen Spieler wie ihn wird es
nie mehr geben.«

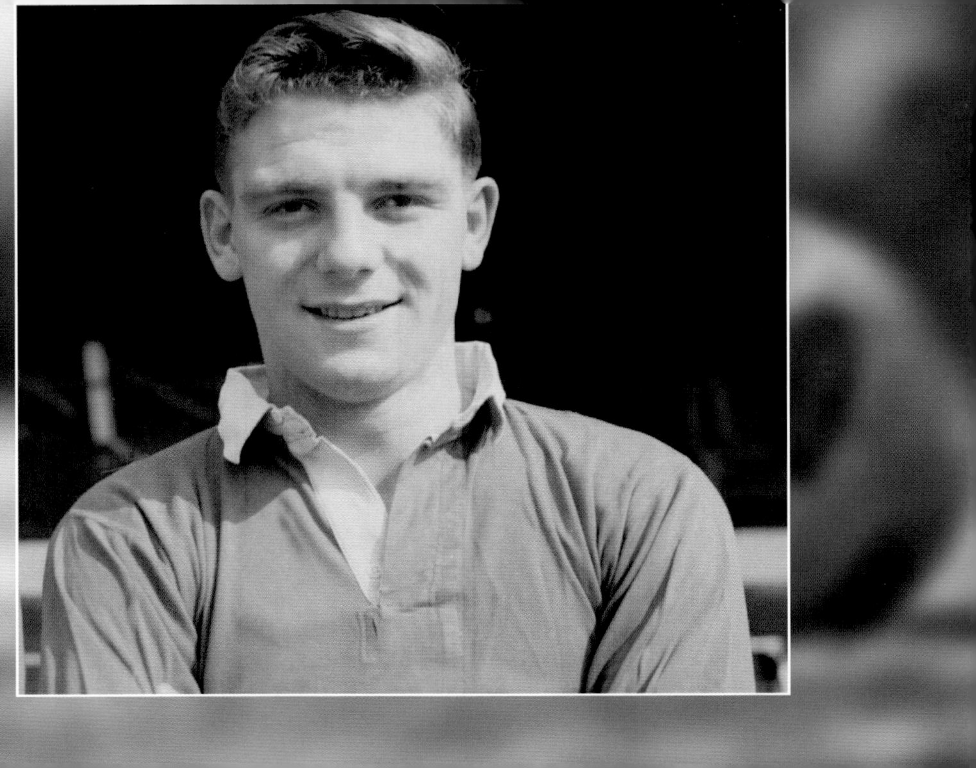

3. Oktober

Daraus, dass er aus dem Ghetto stammt, hat Zlatan Ibrahimovic (geboren am 3. Oktober 1981 in Malmö) nie einen Hehl gemacht. Der Schwede mit bosnischen Wurzeln ist als Stürmer eine Show, seine Tore sind ebenso spektakulär wie seine große Klappe und das zur Schau gestellte Selbstbewusstsein. Als er Paris St. Germain Richtung Manchester verließ, verkündete »Ibra« in aller Bescheidenheit: »Ich kam als König und gehe als Legende.«

1. April

Als Helmuth Duckadam am
1. April 1959 im rumänischen
Semlac geboren wurde, konnte
niemand ahnen, dass ihm
27 Jahre später etwas Epochales
gelingen würde: Im Finale des
Europapokals der Landesmeister
hielt Duckadams Klub Steaua
Bukarest gegen den FC Barcelona
120 Minuten ein torloses Unentschieden. Beim Elfmeterschießen
schlug die große Stunde des
»Helden von Sevilla«, den vorher
niemand kannte und der danach wieder in der Versenkung
verschwand: Duckadam parierte
alle vier gegnerischen Strafstöße.

4. Oktober

Am 4. oder 5. Oktober 1957 – so genau ist das nicht belegt – starb in Montevideo José Leandro Andrade. Der geniale Regisseur aus Uruguay war der erste Weltstar des Fußballs, er führte seine Mannschaft zum Gewinn von Olympiagold 1924 und 1928 sowie zum Triumph bei der ersten Weltmeisterschaft 1930. »La Maravilla Negra« (Das schwarze Wunder) spielte beinahe körperlos, weil er sich seinen Gegenspielern durch schlangenartige Bewegungen immer wieder entziehen konnte.

31. März

In Dortmund stoßen sie in stillen Momenten immer noch auf Jürgen Wegmann (geb. 31. März 1964) an, weil er den Verein 1986 in der Relegation gegen Fortuna Köln mit seinem Treffer auf den letzten Drücker in der Liga hielt. Aber auch woanders hinterließ der Torjäger, der sich »Kobra« taufte, weil er in seiner Selbsteinschätzung so unglaublich giftig und gefährlich war, Spuren. Zum Beispiel bei Bayern München, wo ihm eines der schönsten Tore in der Bundesligageschichte gelang. Außerdem hinterließ uns die »Kobra« einen Klassiker: »Erst hatten wir kein Glück, und dann kam auch noch Pech dazu!«

5. Oktober

Nicola Rizzoli (geboren am 5. Oktober 1971 in Mirandola) leitete das WM-Finale 2014 in Rio de Janeiro zwischen Deutschland und Argentinien. Nach dem Abpfiff berichtete der italienische Schiedsrichter, was sich zutrug, nachdem Christoph Kramer mit einem brutalen Bodycheck niedergestreckt worden war. »Kurz nach dem Stoß kam Kramer zu mir und fragte: ‚Schiri, ist das das Finale?‘ Ich dachte, der macht einen Witz. Er wiederholte die Frage und sagte: ‚Ich muss wissen, ob das wirklich das Finale ist.‘ Nach meinem ‚Ja‘ fuhr er staunend fort: ‚Danke, es war wichtig für mich, das zu wissen.‘«

30. März

Für Vinnie Jones, Kampfname »Die Axt«, galt auf dem Platz stets das Recht des Stärkeren. In einem Benefizspiel grätschte der wohl größte Fußball-Rüpel aller Zeiten ein Kind rücksichtslos von hinten um. »Ich wollte den Ball treffen«, sagte er mit einem Schulterzucken. 13 Rote Karten und die schnellste Gelbe Karte der Fußball-Geschichte (nach drei Sekunden) unterstreichen das Bad-Boy-Image des Walisers. 1992 gab Jones im umstrittenen Video »Soccer's Hard Men« Tipps, wie man Gegenspieler am besten einschüchtert. Jones' Beruf heute: Schauspieler.

6. Oktober

Der »Spiegel« nannte es das »vergessene Jahrhunderttor«. Fritz Walter erzielte es am 6. Oktober 1956 beim Gastspiel des 1. FC Kaiserslautern beim DDR-Meister Wismut Aue. Walter selbst beschrieb seinen Geniestreich so: »Der von rechts kommende Flankenball senkte sich hinter meinem Rücken. Da ließ ich mich nach vorne fallen, fast in den Handstand und schlug mit der Hacke zu. Aus zwölf, fünfzehn Metern Entfernung flog der Ball haarscharf ins obere Toreck. Dass es ein Tor wurde, war Glück. Dass ich in dieser Situation aber überhaupt an den Ball kam und ihn traf, das war kein Glück.«

29. März

Um diesen Stürmer rankten sich viele Legenden. Zum Beispiel die, dass Roger Milla nur deshalb zu seinem Nachnamen kam, weil sich der Standesbeamte nach seiner Geburt verschrieb. Auch um das Alter des Mannes, der sich bereits auf der Insel Réunion zur Ruhe gesetzt hatte und dann vom Staatspräsidenten Kameruns überredet wurde, bei der WM 1990 noch einmal für sein Land auf Torejagd zu gehen. War er nun 40, 42 oder doch jünger? Man einigte sich auf 38, es war ja schließlich auch egal, wenn einer im fortgeschrittenen Fußballalter noch so flott auf den Beinen ist und so locker in den Hüften.

7. Oktober

Otto Addo war bei den Fans von Borussia Dortmund beliebt. Ein engagierter Profi, der immer, wenn er spielen durfte, alles gab. Zur Legende wurde er im September 2003 während des Europapokalspiels bei Austria Wien. Addo riss sich das Kreuzband, doch bevor er zur Seitenlinie humpelte, um sich auswechseln zu lassen, erzielte er noch ein Tor. Es habe »unglaublich wehgetan. Ich habe schon vor dieser Szene angezeigt, dass ich raus muss, bin aber noch auf dem Feld geblieben, weil ich der Mannschaft helfen wollte.« So spricht ein Held.

28. März

Sepp Herberger (geboren am 28. März 1897) ist nicht nur eine Legende, weil er der Vater des »Wunders von Bern« war. Herberger beschäftigte sich schon lange vor der Fußball-Neuzeit, in der Laufwege, Laktatwerte und Packing-Quoten bis ins Kleinste erforscht werden, wissenschaftlich mit dem Spiel Elf gegen Elf. Und er hinterließ den Fußballern Weisheiten, die noch heute Gültigkeit besitzen: »Der Ball hat immer die beste Kondition.« »Das nächste Spiel ist immer das schwerste.« »Das Spiel dauert 90 Minuten.« »Nach dem Spiel ist vor dem Spiel.« »Der Ball ist rund.«

8. Oktober

Im Oktober 1982 starben bis zu 340 Menschen bei der Europapokal-Partie zwischen Spartak Moskau und dem HFC Haarlem aus den Niederlanden. Die Polizei soll Fans noch vor dem Abpfiff durch zu enge und vereiste Abgänge aus dem Stadion gedrängt haben. Als ein spätes Tor fiel, versuchten die Fans, ins Stadion zurückzugelangen, es kam zur Massenpanik. Die russischen Behörden sprachen offiziell von 61 Toten und sahen keine Schuld bei der Polizei. Das Bild zeigt ehemalige Spieler beider Clubs bei einem Gedenk-Match am 20. Oktober 2007.

27. März

Wer erfahren möchte, warum Manuel Neuer (geboren am 27. März 1986) weit mehr ist als einfach nur ein Torwart, dem sei dringend das Studium des WM-Achtelfinals 2014 gegen Algerien empfohlen. Es war eine irre Leistung, wie sie die Welt bis dahin noch nicht gesehen hatte: Neuer allein sorgte dafür, dass Deutschland sich die Möglichkeit erhielt, am Ende Weltmeister zu werden. Neuer interpretiert seine Position offensiver, als es das je zuvor gab, er ist wie ein elfter Feldspieler. Nach dem Drahtseilakt gegen Algerien kannte die »Zeit« drei Gründe für das Erreichen des Viertelfinals: »Neuer, Neuer, Neuer.«

9. Oktober

Am 9. Oktober 2009 starb Horst Szymaniak im Alter von 75 Jahren in Melle. Obwohl er heute vielerorts vergessen ist, galt »Schimmi«, der sein Geld auch in Italien, der Schweiz und den USA verdiente, in den 50er-Jahren als einer der besten Mittelfeldspieler Europas. Eines ist sicher: Kicken konnte das Kind des Ruhrgebiets besser als Rechnen. Als ihm bei seinem Stammverein, der Spielvereinigung Erkenschwick, eine saftige Gehaltsaufbesserung in Aussicht gestellt wurde, entgegnete Szymaniak gedankenschnell: »Ein Drittel? Nee, ich will mindestens ein Viertel!«

26. März

Beim Hamburger Sportverein hatten sie in den letzten Jahren nicht viele Anlässe, sich und ihre Erfolge zu feiern. Viel mehr war ständig von Querelen, Missmanagement, Trainerentlassungen und fehlenden Erfolgen die Rede. Der letzte Triumph liegt sehr, sehr lange zurück, er datiert aus dem Jahre 1987, als die Hamburger den Gewinn des DFB-Pokals feierten. Das ändert aber nichts daran, dass dieser Verein zu den bedeutendsten im Lande zählt. Es ist der Klub von Uwe Seeler, von Kaltz und Hrubesch, von Keagan und Tull Harder. Und – darauf sind sie in der Hansestadt besonders stolz – er ist der »Dino«, das »Urgestein«.

10. Oktober

In den 60ern gab es im Revier
dieses Plakat der Zeugen Jehovas:
»An Jesus kommt keiner vorbei«,
unter das ein Schalke-Fan
schrieb: »Außer Libuda«.
Im Ruhrgebiet vergötterten sie
Reinhard Libuda (geboren am
10. Oktober 1943 in Wendling-
hausen bei Lemgo; gestorben
am 25. August 1996 in Gelsenkirchen), den sie alle nur »Stan«
riefen, weil seine Spielweise der
des legendären Stan Matthews
glich. Und zwar nicht nur auf
Schalke, sondern auch beim
Rivalen aus Dortmund, für den
Libuda 1966 sein wichtigstes Tor
schoss, das den BVB als erste
deutsche Mannschaft zum
Europapokalsieger machte.

25. März

Am 25. März 2011 bestritt Xavier Hernández i Creus, den sie in Spanien und auf der ganzen Welt nur Xavi nennen, sein 100. Länderspiel für sein Heimatland, am Ende seiner aufregenden Karriere hatte er sogar mehr als 100 Siege für Spanien errungen. Xavi war ein begnadeter Stratege, der beim FC Barcelona und in der Nationalmannschaft im Mittelfeld perfekt jenes Kurzpassspiel zu inszenieren wusste, das »Tiki-Taka« genannt wurde und mit dem die Spanier ihren Kontrahenten den letzten Nerv raubten. Xavi war das Herz des FC Barcelona, für den er 24 Jahre spielte.

11. Oktober

»Sir« Bobby Charlton (geboren am 11. Oktober 1937) war Chefstratege und Star der englischen Mannschaft, die bei der WM 1966 den einzigen bedeutenden Titel ins Mutterland des Fußballs holte. Als seine Nachfolger bei der EM 2016 in Frankreich durch ein blamables 1:2 gegen Island aus dem Turnier flogen, gab Charlton eine wunderbare Kostprobe britischen Humors. Auf die Frage eines Reporters, wie das Team von '66 gegen Island abgeschnitten hätte, entspann sich folgender Dialog: Charlton: »Wir hätten 1:0 gewonnen.« Reporter: »Nur 1:0?« Charlton: »Ja, die meisten von uns sind schon über 70.«

24. März

Wolfgang Weber (geboren am 26. Juni 1944) war der Prototyp des Vorstoppers deutscher Prägung. Der Mann, der zeitlebens für den 1. FC Köln antrat, hielt beim Europapokalspiel am 24. März 1965 gegen Liverpool durch, obwohl er sich das Wadenbein gebrochen hatte. Als Weber in der Halbzeitpause zu Testzwecken von der Massagepritsche sprang und nicht vor Schmerzen zusammenbrach, lautete das Urteil: Geht noch! Beim WM-Finale 1966 hatte Weber die beste Sicht auf das berühmteste Tor der Fußball-Geschichte: Noch heute schwört er Stein und Bein: »Der war nie und nimmer drin!«

12. Oktober

Bei der WM 2014 im eigenen
Land verpasste Brasiliens Superstar Neymar wegen einer
Verletzung das Halbfinale gegen
Deutschland. Ob das Ergebnis
dieses Spiels (7:1 für Deutschland) mit ihm anders ausgefallen
wäre, mag dahingestellt bleiben.
Doch konnte der Supertechniker
vom FC Barcelona zwei Jahre
später entscheidend mithelfen,
die Ehre des Gastgeberlandes
ein klein wenig wiederherzu-
stellen: Beim olympischen Finale
gegen Deutschland in Rio schoss
Neymar ein Tor und versenkte
im Elfmeterschießen den entscheidenden Strafstoß. Brasilien
durfte wieder Samba tanzen.

23. März

Als RasenBallsport Leipzig am 19. Mai 2009 als PR-Instrument eines Softdrink-Multis aus Österreich gegründet wurde, war klar, dass dieser Verein bis in die 1. Liga durchstarten würde. Schließlich wird RB mit vielen Millionen gepimpt, von denen die Konkurrenz nur träumen kann. Der Durchmarsch gelang, und direkt bei der Erstliga-Premierensaison wurde zusätzlich die Qualifikation für die Champions League erreicht. Freiburgs Trainer Christian Streich: »Ein Verein gehört nicht einem Menschen. Der Verein gehört den Menschen und Mitgliedern, die sich mit ihm identifizieren.«

13. Oktober

Rolf Rüssmann (geboren am 13. Oktober 1950 in Schwelm, gestorben am 2. Oktober 2009 in Gelsenkirchen) war ein kerniger Vorstopper, der für Schalke 04 und Borussia Dortmund den Strafraum sauber hielt. Nach seiner Karriere war Rüssmann als Manager auf Schalke, in Mönchengladbach und in Stuttgart aktiv. Am 2. Oktober 2009 erlag der 20-fache Nationalspieler mit 58 Jahren einem Krebsleiden. Als echtes Kind aus dem Revier war der blonde Hüne um keinen Spruch verlegen. Kostprobe gefällig: »Wenn wir schon nicht gewinnen, dann treten wir ihnen wenigstens den Rasen kaputt.«

22. März

Um den Gewinn der Europa-
meisterschaft 1980 ranken sich
viele Legenden. In erster Linie
um den genialen Spielmacher
Bernd Schuster und um Torjäger
Horst Hrubesch, dem im Finale
gegen Belgien beide Tore gelangen. Doch wer die deutsche Elf
als Kapitän aufs Spielfeld führte,
ist weitgehend in Vergessenheit
geraten: Bernhard Dietz (geboren
am 22. März 1948 in Bockum-
Hövel) war der Prototyp des
ehrlichen Malochers aus dem
Ruhrgebiet. »Ennatz«, nach dem
sie beim MSV Duisburg das
Maskottchen genannt haben,
spielte nur für die Mannschaft –
alles andere war ihm ein Greuel.

14. Oktober

Am 14. Oktober 1992 hatte Ulf Kirsten beim 1:1 gegen Mexiko im Dresdner Rudolf-Harbig-Stadion seinen ersten Auftritt in der gesamtdeutschen Nationalmannschaft. Kirsten war einer der erfolgreichsten Torjäger der 80er- und 90er-Jahre. Ein bulliger Stürmer, der es auf 100 Länderspiele brachte und dabei weder sich noch seinen Gegenspieler schonte. »Wenn bei Auswärtsspielen keiner ruft: ‚Kirsten, du Arschloch‘, dann weiß ich genau, dass ich schlecht bin.«

21. März

An diesem Fußballer scheiden sich die Geister. Dabei war Lothar Matthäus (geboren am 21. März 1961) fußballerisch über jeden Zweifel erhaben. Dieser Mann war von seiner Dynamik, seiner Technik und seinem Willen, das Spiel an sich zu reißen, eine absolute Koryphäe. Sein Spiel war so mitreißend, dass Matthäus in seinen Mannschaften zwangsläufig eine Führungsrolle einnahm. Mit 150 Länderspielen ist der Franke Rekord-Nationalspieler, doch seit der Weltmeister von 1990 seine Fußballschuhe an den Nagel gehangen hat, laufen die Dinge nicht mehr so richtig.

15. Oktober

Walter Fritzsch (geboren 21. November 1920 in Planitz, gestorben am 15. Oktober 1997 in Dresden) verschrieb sein Leben komplett dem Leistungssport. Die Passion von Fritzsch galt einzig und allein dem Fußball und Dynamo Dresden. In seiner neunjährigen Amtszeit erkämpften die Schwarz-Gelben fünf DDR-Meistertitel, zwei DDR-Pokalsiege und bestritten 42 Europapokalspiele. Der kleine und strenge Trainer entwickelte zudem 15 Nationalspieler, darunter Ulf Kirsten und Matthias Sammer. 2008 wurde das Leben des 1997 an Alzheimer gestorbenen Ausnahmetrainers verfilmt. Titel: »Der kleine General«.

20. März

Am 20. März 1966 verschwand
der WM-Pokal aus der Ausstel-
lung »Sport und Briefmarken« in
der Central Hall in Westminster.
Briefmarken »im Wert von drei
Millionen Pfund hatte der Dieb
unangetastet gelassen«, wie der
britische Briefmarkensammler-
Klub irritiert anmerkte. Scotland
Yard löste Großalarm aus, ein
Land war in Aufruhr, es drohte
eine riesige Blamage. Doch dann
kam Pickles und wurde zum
Star: Die schwarz-weiß gefleckte
Promenadenmischung aus Süd-
London fand die Trophäe vier
Monate vor Turnierbeginn beim
Gassigehen unter einem Busch
und wurde in ganz England
gefeiert.

16. Oktober

Am 16. Oktober 2004 gab ein gewisser Lionel Messi in der Begegnung gegen Espanyol Barcelona sein Debüt für den FC Barcelona. Ein kleiner Kerl, den man leicht hätte übersehen können, was ein Fehler gewesen wäre. Mit 13 war Messi mit seinen Eltern aus seiner argentinischen Heimat nach Barcelona gekommen, um seine Wachstumsstörungen behandeln zu lassen. Der Verein übernahm die Kosten für die Hormonkur und zahlte 600 Dollar. Eine lohnende Investition, denn später wurde Messi nicht nur von 2009 bis 2012 vier Mal in Folge Weltfußballer des Jahres, sondern war auch noch Hunderte Millionen wert.

19. März

Bayer Uerdingen ist längst von der Fußball-Landkarte verschwunden, doch der Werksklub hat uns ein episches Fußballspiel hinterlassen, das jedem, der es erlebt hat, noch heute Schauer über den Rücken jagt: Am 19. März 1986 empfing der Bundesligist Dynamo Dresden zum Rückspiel im Europapokal der Pokalsieger (Hinspiel 0:2) und lag im heimischen Stadion mit dem unvergleichlichen Namen Grotenburg-Kampfbahn zur Halbzeit mit 1:3 zurück. Dann geschah das »Wunder von der Grotenburg«: Mit sechs Toren in der zweiten Halbzeit bahnte sich Uerdingen den Weg ins Halbfinale.

17. Oktober

Am 17. Oktober 1979 gab Hans-Peter Briegel bei einem 5:1 gegen Wales sein Debüt in der deutschen Nationalmannschaft. Eigentlich war er Leichtathlet, der als Mitglied der Junioren-Nationalmannschaft mit Bestmarken von 10,8 Sekunden über 100 Meter, 7,48 Meter im Weitsprung und mehr als 7000 Punkten im Zehnkampf glänzte. Doch mit 17 entschied er sich, als Fußballer durchzustarten. Das tat er dann auch. Wo immer er antrat, war dieser bullige Spieler nicht aufzuhalten. Wenn die »Walz aus der Pfalz« durchstartete, konnten sich die Gegner nur noch an ihn dranhängen. Aufzuhalten war er nie.

18. März

Ajax Amsterdam (gegründet am 18. März 1900) ist nicht nur niederländischer Rekordmeister, sondern neben Juventus Turin, Bayern München und dem FC Chelsea der einzige Klub, der alle drei europäischen Pokalwettbewerbe gewinnen konnte. Der Verein steht nicht nur für seine Erfolge und Stars wie Cruyff, Davids, Seedorf und Overmars, sondern auch für schönen und bedingungslosen Offensivfußball und eine Jugendförderung, die ein einzigartiges Ansehen genießt. Im Finale um die Champions League 1995 spielten neun der elf Akteure, die von Beginn an für Ajax auf dem Feld standen, für die Jugendteams des Klubs.

18. Oktober

Am 18. Oktober 2005 stellte Thierry Henry (geboren am 17. August 1977 in Les Ulis bei Paris) in der Champions League gegen Sparta Prag einen neuen Torrekord auf: Er erzielte sein 186. Tor für Arsenal London und brach damit den langjährigen Rekord der Klublegende Ian Wright, der für die »Gunners« 185 Treffer erzielt hatte. Zu diesem Zeitpunkt war Henry bei Arsenal bereits unsterblich und wurde von den Fans wie kein Zweiter vergöttert. Der Franzose wird für immer mit dem Klub aus London identifiziert werden, auch wenn er später mit dem FC Barcelona die Champions League gewann.

17. März

Die bewegten Bilder sind schwarz-weiß und so unscharf, dass sie kaum zu erkennen sind: Zu sehen sind die Nobodies von der Betriebs-Sport-Gemeinschaft (BSG) Sachsenring Zwickau, die am 17. März 1976 im Europapokal der Pokalsieger zum Viertelfinal-Rückspiel beim haushohen Favoriten Celtic Glasgow antreten. Immer wieder fliegt ein Mann durch das ruckelnde Bild, der den Gegner zur Verzweifelung bringt: Jürgen Croy, Weltklasse-Torhüter zwischen den Pfosten des DDR-Oberligisten. Zwickau gewinnt die Abwehrschlacht mit 1:0 und zieht ins Halbfinale ein, wo gegen Anderlecht Schluss ist.

19. Oktober

Hans Schäfer (geboren am
19. Oktober 1927 in Köln-Zoll-
stock) war ein begnadeter Links-
fuß, über ein Tor gegen Spanien
erzählte er: »Ich habe eine Flanke
direkt genommen und in den
Winkel gedroschen, der Ball hat
das Tornetz zerfetzt und ist hinten
wieder rausgekommen.« Wie
sein Abgang vonstatten gehen
soll, davon hat »de Knoll«, wie
Schäfer in seiner Heimatstadt
wegen seiner ausgeprägten
Nase genannt wird, ziemlich
konkrete Vorstellungen: »Ich will
105 Jahre alt werden und dann
in meiner Stammkneipe mit
einem Glas Kölsch in der Hand
an der Theke sterben.«

16. März

Im Juli 1871 kam Charles William Alcock, Mittelstürmer des Wanderers Football Club, auf die Idee, nicht nur einzelne Fußballspiele auszutragen, sondern eine neue Serie zu installieren und einen Pokal auszuspielen. Der FA Cup war geboren und sollte zum ältesten, traditionsreichsten und berühmtesten Wettbewerb für Vereinsmannschaften werden. Das erste Finale fand am 16. März 1872 statt, 2000 Zuschauer fanden sich ein, um die Begegnung zwischen den Wanderers und den Royal Engineers zu verfolgen, das Alcocks Team mit 1:0 für sich entschied.

20. Oktober

Wer einem Fan des 1. FC Kaiserslautern Tränen der Rührung in die Augen treiben will, der erwähnt die folgende Zahlenfolge: sieben zu vier. Mit diesem unglaublichen Ergebnis endet am 20. Oktober 1973 das Heimspiel auf dem Betzenberg, Gegner ist niemand Geringerer als der große FC Bayern. Das Team von Udo Lattek spielt lange Zeit meisterlich auf und führt in der 57. Minute mit 4:1. Doch dann bricht über den Münchenern ein Tsunami herein, innerhalb von 32 Minuten schießen die Roten Teufel sechs Tore. Nicht nur Lattek ist fassungslos.

15. März

Am 15. März 1983 saß der Serbe
Bora Milutinovic zum ersten Mal
für die Nationalmannschaft von
Mexiko auf der Bank. Es begann
die schillernde Trainerkarriere
eines charismatischen Typen,
der seine Mannschaften mit
Einfühlungsvermögen und Aus-
strahlung führte. Milutinovic hat
fünf verschiedene Nationen
aus drei Erdteilen bei einer Weltmeisterschaft ins Turnier geführt:
Mexiko (1986), Costa Rica (1990),
USA (1994), Nigeria (1998) und
China (2002). Auch wenn ihm
der große Wurf verwehrt blieb,
ist das eine einmalige Leistung.

21. Oktober

Sein erstes von 137 Länderspielen (32 Tore) bestritt Jari
Litmanen im Oktober 1989. Die
finnische Fußballnationalmann-
schaft siegte mit 1:0 gegen Trinidad
und Tobago. Er ist Rekordnationalspieler und erfolgreichster Torschütze seines Landes, konnte
mit der Nationalmannschaft
aber an keiner EM oder WM teil-
nehmen. Dennoch ist er in seiner
Heimat eine Legende. Zu Recht:
Sein letztes Länderspiel bestritt
Litmanen im November 2010
beim 8:0 gegen San Marino,
er traf per Elfmeter zum 6:0.
Er ist damit weltweit der einzige
Fußballspieler, der A-Länder-
spiele in vier verschiedenen
Jahrzehnten bestritten hat.

14. März

Die Erfolgsgeschichte war irre:
Der Nobody Darmstadt 98
schaffte 2014 und 2015 aus dem
Nichts den Durchmarsch in die
1. Liga, und immer, wenn es bei
den Hessen etwas zu feiern gab,
war dieser junge Mann mit auf
der Bühne: Jonathan Heimes.
Der an Krebs erkrankte ehemalige
hessische Tennis-Jugendmeister
und Kumpel von Fed-Cup-
Spielerin Andrea Petkovic ließ
sich trotz zahlreicher Therapien
und Rückschläge nie unter-
kriegen und motivierte die
Darmstädter Profis mit seinem
Leitspruch (»Du musst kämpfen,
es ist noch nichts verloren«)
immer wieder aufs Neue.

22. Oktober

Lew Jaschin (geboren am
22. Oktober 1929 in Bogorods-
koje bei Moskau) raubte den
gegnerischen Stürmern den letzten Nerv, weil er immer zu ahnen
schien, wohin der Ball flog. Jahre
nach seinem Tod 1990 verriet
seine Frau Walentina, woher
Jaschin seine Gelassenheit hatte:
»Vor den Spieltagen ging Lew
fischen, und wenn er etwas fing,
schaute er dem Spiel gelassen
entgegen.« Als Jaschin das Team
der UdSSR 1960 zum Gewinn
der ersten EM führt, schreibt
»L'Equipe« ehrfurchtsvoll:
»Dieser Torwart hätte vermutlich
jeden Angriff der Welt zur
Verzweiflung gebracht.«

13. März

Am 22. Juni 1994 traf Andres Escobar (geboren 13. März 1967) beim WM-Vorrundenspiel gegen die USA ins eigene Tor. Es war das folgenschwerste Eigentor der Fußballgeschichte, zehn Tage später starb Kolumbiens Nationalspieler im Kugelhagel. Warum, das ist bis heute nicht endgültig geklärt. Im Morgengrauen des 2. Juli sank Escobar blutüberströmt vor einer Bar zusammen, durchsiebt von zwölf Schüssen, der Schütze Humberto Munoz Castro habe das Wort »Goooooooool« gerufen, während er feuerte. Castro wurde zu 43 Jahren Gefängnis verurteilt, kam aber bereits nach elf Jahren wegen guter Führung frei.

23. Oktober

Spanien hat in seiner ruhmreichen Fußballgeschichte
berühmte Torhüter wie Ricardo
Zamorra und Iker Casillas hervorgebracht. Andoni Zubizarreta
(geboren am 23. Oktober 1961
in Vitoria) gehört ganz sicher in
diese Ahnengalerie. 126 Länderspiele bestritt Zubizarreta, der
seine Karriere beim FC Barcelona
und später beim FC Valencia
verbrachte, und war damit
Rekordspieler seines Landes,
bis ihn Casillas beerbte. In der
Liga ist er mit 622 Einsätzen
immer noch die Nummer eins.

12. März

Für viele ist diese Szene aus dem WM-Halbfinale 1982 zwischen Deutschland und Frankreich das Sinnbild für die Fratze der Hässlichkeit, die in der Welt oft wahrgenommen wurde, wenn es um Fußball Made in Germany ging: Toni Schumacher streckt Patrick Battiston (geboren am 12. März 1957) brutal nieder. Der Torwart kracht mit seinem Becken gegen Battistons Kopf. Ein Halswirbel ist angebrochen, das Gehirn erschüttert, es brechen drei Zähne aus dem Mund. Auch weit mehr als 20 Jahre nach dem Vorfall antwortete Battiston auf die Frage, ob er sich mit Schumacher treffen wolle: »Nein!«

24. Oktober

Wayne Rooney (geboren am 24. Oktober 1985 in Liverpool) galt als Wunderkind, als er mit 17 für den FC Everton in der Premiere League auftauchte und kurz darauf mit seinem Siegtor den seit 30 Spielen ungeschlagenen Tabellenführer Arsenal abschoss. Als Rooney bei Manchester United anheuerte, war klar, dass dies der Beginn einer Weltkarriere sein würde. Doch die epochalen Erwartungen erfüllten sich nicht, weil Rooney zwar Talent im Überfluss hatte, aber auch immer wieder durch seine wenig professionelle Freizeitgestaltung auffällig wurde.

11. März

Am 11. März 1941 wurde das Stadion von Manchester United von deutschen Bombern dem Erdboden gleichgemacht. Das Old Trafford existierte nicht mehr, das »Theatre of Dreams« produzierte keine Träume. Es dauerte mehr als acht Jahre, ehe ManU wieder ein Heimspiel in seinem Stadion austragen konnte. Wie bizarr der englische Humor sein kann, beweist ein T-Shirt, das die Fans des Stadtrivalen Manchester City zu Ehren ihres deutschen Stürmers Uwe Rösler herausbrachten, der von 1994 bis 1998 das Trikot von City trug. Auf dem Textil war zu lesen: »Rösler's Granddad bombed Old Trafford«.

25. Oktober

Arrigo Sacchi war als Trainer ein Visionär, der mit seinen Teams vor allem beim Thema Raumaufteilung neue Akzente setzte. Kaum ein Spitzenteam war defensiv so gut wie das des AC Milan in den späten 80ern und gleichzeitig im Angriff nicht nur auf Konter aus, sondern immer in der Lage zu dominieren. Diese Balance war einzigartig, weil das Team auch dann gut verteidigen konnte, wenn der Gegner großen Druck ausübte. Sacchi war der Beweis dafür, dass man als großer Trainer nicht unbedingt ein großer Spieler gewesen sein muss.

10. März

Pressekonferenzen sind oft eine zähe Angelegenheit mit überschaubarem Unterhaltungswert. Diese Zusammenkunft beim FC Bayern München vom 10. März 1998 war anders, die Wutrede von Giovanni Trapattoni ging in die Geschichte ein. Hier ein paar Auszüge aus der legendären Ansprache: »Ein Trainer ist nicht ein Idiot! Ein Trainer sehen, was passieren in Platz. In diese Spiel es waren zwei, drei oder vier Spieler, die waren schwach wie eine Flasche leer!« »Struuunz! Strunz ist zwei Jahre hier, hat gespielt zehn Spiele, ist immer verletzt. Was erlauben Strunz?« Und vor dem von Applaus begleiteten Abgang: »Ich habe fertig!«

26. Oktober

Alle wollten ihn spielen sehen:
Diego Maradona. Es war der
26. Oktober 1988, Lok Leipzig traf
im Europapokal den SSC Neapel.
Gottfried Weise, Reporter-Legende
aus dem DDR-Fernsehen,
erinnert sich in seinem Buch
»Als Maradona 80.000 lockte«:
»Es war eine ganz bizarre
Situation. Weltklassespieler wie
Careca, wie Alemão, die wurden
überhaupt nicht beachtet. Von
keinem Journalisten, nur ein
Rattenschwanz hinter Maradona
her.« Das Rückspiel gewann
Neapel mit 2:0, Leipzig war raus.
Doch die Erinnerungen an den
Abend, als Maradona in Sachsen
vorspielte, die bleiben.

9. März

Bernd Hölzenbein (geboren am 9. März 1946) war nicht nur ein schneller und torgefährlicher Stürmer, er war zudem ein Schlitzohr. Wie clever er ist, zeigte der Hesse beim Europacupspiel seines Vereins Eintracht Frankfurt gegen Bukarest, als ihm einer der kuriosesten Treffer gelang, die es jemals gab: Die Eintracht musste unbedingt ein Tor machen, um die Verlängerung zu erreichen. Nach einem langen Ball lief Hölzenbein nach vorn, rutschte auf dem nassen Rasen aus und saß vor dem Torhüter, der den Ball aus den Händen gleiten ließ. Von dort tropfte er auf den Kopf des Frankfurters, der ihn im Sitzen einnickte.

27. Oktober

Alfredo di Stefano gehört zu den
größten Legenden des Weltfußballs. Als Kopf des legendären
»weißen Balletts« begründete
di Stéfano den Mythos, der Real
Madrid bis heute umgibt. Im
Laufe seiner Karriere gewann
der geniale Spieler mit Real fünf
Mal in Folge den Europapokal
der Landesmeister und holte
außerdem insgesamt 14 nationale
Meisterschaften. Zehn Mal wurde
er in diversen Ligen und Wett-
bewerben Torschützenkönig.
Die Kommentatoren rühmten
sein schwereloses Spiel, seine
Technik, seine Brillanz und
seine Übersicht.

8. März

Kaum einer weiß, dass Julio Cesar da Silva (geboren am 8. März 1963) der tragische Held in einem der schönsten Fußballspiele war, das die Menschheit jemals erlebt hat: 1986 trafen bei der WM in Mexiko im Viertelfinale Brasilien und Frankreich aufeinander und lieferten sich einen epischen Schlagabtausch. Ein Jahrhundertspiel, das im Elfmeterschießen entschieden wurde, bei dem Julio Cesar den letzten Strafstoß für Brasilien vergab. In der Bundesliga spielte der Vorstopper im Herbst seiner Karriere, als er den Strafraum des BVB mit einer seitdem nie wieder erlebten Eleganz aufräumte.

28. Oktober

Solch einen begnadeten Dribbler
hatte die Welt noch nicht gesehen:
Manuel Francisco dos Santos
(geboren am 28. Oktober 1933)
verzückte die Fans nicht nur in
seiner Heimat Brasilien. Von
Geburt an war sein Rückgrat
deformiert, und sein linkes Bein
war sechs Zentimeter kürzer als
sein rechtes. Zahlreiche Opera-
tionen bewirkten zwar, dass er
laufen konnte, doch hatte er links
ein O- und rechts ein X-Bein.
Dies brachte ihm den Namen
»Garrincha« ein, nach einem
brasilianischen Urwaldvogel.
Garrincha nutzte seine kuriose
Beinstellung und spielte seine
Gegner auf der rechten Außenbahn schwindelig.

7. März

In seiner Zeit bei Bayern München galt Ludwig »Wiggerl« Kögl (geboren 7. März 1966 im bayerischen Penzberg) als begnadeter Dribbler, der sich einen Spaß daraus machte, seinen Gegenspielern Knoten in die Beine zu spielen. Als der Stürmer nach seinem Erfolgsgeheimnis gefragt wurde, antwortete er mit entwaffnender Präzision: »Entweder ich gehe links vorbei oder ich gehe rechts vorbei.« Hätten das doch nur seine bedauernswerten Gegenspieler geahnt – sie hätten sich wesentlich leichter getan ...

29. Oktober

Am 29. Oktober 1994 feierte Raúl González Blanco mit 17 Jahren und vier Monaten sein Debüt in der Primera Division. Er galt als riesiges Talent, und tatsächlich sollte dieser Stürmer alle Erwartungen erfüllen – ja weit mehr als das: Raúl wurde im Trikot von Real Madrid zu einem der größten Torjäger in der Geschichte des europäischen Fußballs. Dass eine solche Koryphäe im Herbst seiner Karriere für zwei Jahre das Trikot des FC Schalke 04 schnürte, brachte dem Spanier im Revier die größtmögliche Heldenverehrung ein. So war bei einem Heimspiel auf einem Transparent zu lesen: »Dat mit Raúl erzähl ich meine Enkel!«

6. März

Harald Schumacher, genannt Toni (geboren am 6. März 1954), wird in Erinnerung bleiben als ehrgeiziger Weltklassetorwart und als kölscher Jung. Er war es, der seinen Gegenspieler Battiston beim WM-Halbfinale 1982 gegen Frankreich mit einem brutalen Foul die Zähne ausschlug und sich dann den völlig unpassenden Spruch leistete, er werde seinem Gegenspieler neue Jacketkronen spendieren. Schumacher bleibt auch in Erinnerungen mit dem viel beachteten Bestseller »Anpfiff«, mit dem er interessante Einblicke in den Profifußball gab. Zum Beispiel, wie es im Trainingslager vor der WM 1982 zuging.

30. Oktober

Mehr Ikone als Fußballer: Diego Armando Maradona (geboren am 30. Oktober 1960 in Lanus) errichten sie noch heute Altäre, um dem Mann zu huldigen, der den Ball streichelte, wie es vorher und nachher niemand vermochte. Das berühmteste seiner vielen Tore war jedoch ein irreguläres: Beim WM-Spiel 1986 in Mexiko gegen England reckte sich Maradona einer Flanke mit der Hand entgegen und bugsierte den Ball so über die Linie. Sein Kommentar zur Szene ging um die Welt: »Es war die Hand Gottes.« Englands Trainer Bobby Robson sah das anders: »It was the hand of a rascal« (es war die Hand eines Spitzbuben).

5. März

»Lass es nur keinen Deutschen werden«, denkt der Däne Preben Elkjær Larsen, als für das Nationalteam 1979 ein neuer Trainer gesucht wird. Pech für den Stürmer, denn genau das tritt ein: Werder Bremens früherer Abwehrspieler Josef »Sepp« Piontek (geboren am 5. März 1940 in Breslau) wird Chefcoach. Mit beinharter Disziplin formt er aus der Truppe um Elkjær, Morten Olsen und Michael Laudrup ein Spitzenteam, das 1992 mit dem Gewinn der EM eine echte Sensation schafft und als »Danish Dynamite« in die Geschichte eingeht.

31. Oktober

Wer diese Szene gesehen hat,
wird es nie vergessen: Der lange
Ball segelt über den Strafraum
am langen Pfosten vorbei, wo
ihn Marco van Basten (geboren
am 31. Oktober 1964 in Utrecht)
volley nimmt und ihn in den
Winkel hämmert. Ein Tor wie ein
Gemälde, das die EM 1984 in
Deutschland entschied. Im Spiel
davor war van Basten seinem
Gegenspieler Jürgen Kohler ent-
wischt und hatte Holland so ins
Finale gebracht. Kohler gegen
van Basten – diese Duelle waren
episch. Hart, aber fair: »Unser
Verhältnis war immer von
Respekt und gegenseitiger
Wertschätzung geprägt«, sagte
Kohler: »Nicht nur im Sport.«

4. März

Kenneth Mathieson »Kenny« Dalglish (geboren am 4. März 1951 in Dalmarnock bei Glasgow) gehört zu den erfolgreichsten Torjägern, die jemals auf der Insel spielten. Dalglish spielte in Schottland für Celtic Glasgow und in England für den FC Liverpool, bei dem er später auch noch als Spielertrainer aktiv war. Mit dem Schotten als Kopf erlebten die »Reds« die erfolgreichste Ära ihrer ruhmreichen Vereinsgeschichte (sieben Meistertitel, fünfmal FA-Cup-Sieger, dreimal Sieger im Europapokal der Landesmeister). Der Stürmer war der Erste, der sowohl in der schottischen als auch in der englischen Liga 100 Tore erzielte.

1. November

Sie nennen diesen Verein »Alte Dame«, kein Verein in Italien hat mehr Erfolge, keiner hat mehr Anhänger, keiner war in so viele Skandale verwickelt. Juve glänzte mit Weltstars, war aber auch in einen Dopingfall verwickelt, der ganz Italien erschütterte, und musste kurz darauf in einen Zwangsabstieg einwilligen, weil dem Verein Spielmanipulationen im großen Stil nachgewiesen wurden. Der Popularität tat das keinen Abbruch. Auch mehr als 100 Jahre nach der Vereinsgründung am 1. November 1897 scheiden sich an diesem Klub die Geister: Geliebt oder gehasst – die »Alte Dame« lässt in Italien niemanden kalt.

3. März

Oft wird das ungarische Wunderteam der 50er-Jahre auf seinen
Star Ferenc Puskás reduziert,
was ein Fehler ist, da in dieser
Mannschaft viele Ausnahmekönner wirbelten. Zum Beispiel
Nándor Hidegkuti (geb. 3. März
1922), der für einen Mittelstürmer
zwar klein war, seine Gegenspieler
aber dennoch zur Verzweiflung
brachte und Tore am Fließband
produzierte. Sein einfacher, aber
wirkungsvoller Kniff: Er ließ sich
immer wieder ins Mittelfeld
zurückfallen und wartete auf die
sich bietenden Möglichkeiten,
wenn ihm sein Gegenspieler in
Zeiten der sturen Manndeckung
folgte und damit das Zentrum
entblößte.

2. November

Brasilien wird Weltmeister, da ist man sich im Juli 1950 sicher. Im letzten Spiel gegen Uruguay reicht den Gastgebern bereits ein Unentschieden. 174.000 Zuschauer erleben, wie Friaca die Führung gelingt. Auch nach dem Ausgleich ist noch alles in Ordnung, doch dann kommt Alcides Ghiggia und sorgt in der 79. Minute für das Unfassbare: 1:2. Im weiten Rund herrscht Totenstille, drei Menschen sterben im Stadion an einer Herzattacke, im ganzen Land springen Dutzende von Brücken. Ein Trauma. »Nur drei Menschen haben das Maracana zum Schweigen gebracht«, sagt der Torschütze: »Der Papst, Frank Sinatra und ich.«

2. März

Der 2. März 1974 wurde zum Schicksalstag im Leben von Gerhard Welz. Der Torhüter des 1. FC Köln war nach einem Zusammenstoß mit Peter Hidien im Spiel gegen den HSV kurz bewusstlos. Als er später im Training auch noch mit dem Kopf an den Pfosten prallte, war eine vielversprechende Karriere allzu früh beendet. Dabei hatte Bundestrainer Helmut Schön dem Hochveranlagten einen Platz im Kader jener Mannschaft zugesichert, die kurz darauf im eigenen Land Weltmeister wurde.

3. November

Hans Meyer (geboren am 3. November 1942 in Briesen im Sudetenland) profilierte sich nach der Wende zuerst in Holland und dann in der Bundesliga als Trainer mit profundem Wissen und einem ganz eigenen Humor. »Bis 1990 habe ich nicht für Geld, sondern für den Sozialismus gearbeitet«, sagte Meyer über sich. Das änderte sich, immer wieder wurde er auch in fortgeschrittenem Alter für fürstliche Gagen als Retter reaktiviert. Übrigens hat Meyer mal in einer ruhigen Minute verraten, er habe nie – wie von der Presse gerne kolportiert – Rosen gezüchtet.

Rolf Kramer (geboren am 1. März 1938) litt Höllenqualen – genau wie die gesamte vor dem Fernseher versammelte Nation: »Toni, halt den Ball«, rief der ZDF-Reporter in sein Mikrofon, doch all sein Flehen half nichts: »Nein!« Jorge Burruchaga erzielte an Toni Schumacher vorbei das 3:2 für Argentinien, das WM-Finale 1986 war entschieden. Deutschland hatte gegen die Südamerikaner einen 0:2-Rückstand aufgeholt, das Team von Teamchef Franz Beckenbauer war danach so euphorisiert, dass es sämtliche Tugenden über Bord warf und völlig enthemmt nach vorne rannte.

4. November

Luis Filipe Madeira Caeiro Figo (geboren am 4. November 1972 im portugiesischen Almada) war als Fußballer am Ball ähnlich filigran und verspielt, wie sein vollständiger Name klingt. Über seinen Stil sagte der Weltfußballer des Jahres 2001: »Ich bin weder Verteidiger noch Rechtsaußen noch Goalgetter. Fußball heißt für mich Tempo: Schnell am Ball sein, sich schnell bewegen, schnell denken.« Genau dafür vergötterten sie Figo beim FC Barcelona. Bis zu dem Tag, an dem er die Seiten wechselte und bei Real Madrid unterschrieb. Bei seiner Rückkehr nach Camp Nou schlug dem einstigen Liebling blanker Hass entgegen.

29. Februar

Der 29. Februar 2000 war für den
deutschen Fußball ein historisches Datum: Erstmals gelang
es die Festung Bernabeu zu stür-
men. Woran sich Generationen
teutonischer Kicker die Zähne
ausgebissen hatten, vollbrach-
ten die Bayern mit spielerischer
Leichtigkeit und frappierender
Souveränität: Beim 4:2 nahmen
sie die »Königlichen« nach allen
Regeln der Kunst auseinander,
die Tore schossen Mehmet
Scholl, Stefan Effenberg, Thorsten
Fink und Paulo Sergio.

5. November

Dass César Luis Menotti (geboren am 5. November 1938 in Rosario) als Trainer zur Legende wurde, lag vor allem »an seiner großen Kunst, dem Fußball mit klaren Worten und klugen Ideen einen intellektuellen Überbau zu geben«, wie es der Fußballhistoriker Christian Eichler formuliert. Kettenraucher Menotti, der »El Flaco« (der Dürre) genannt wurde, führte Argentinien 1978 bei der Heim-WM mit einem offensiven und mitreißenden Stil zum Titel. Dabei setzte er in seinem Land, das von einer brutalen Militärdiktatur geknechtet wurde, ganz bewusst auf einen Fußball, der von Tugenden wie Freiheit und Spielfreude getragen wurde.

28. Februar

Am 28. Februar 1904 gründete eine Gruppe ehemaliger Schüler von der Real Casa Pia de Lisboa, einer als Folge des Erdbebens von 1755 gegründeten Institution für Waisenkinder in Lissabon, den Sportclub Sport Lisboa. Noch am selben Tag wurde entschieden, dass der Adler das Symbol des Vereins sein sollte. Da ahnte niemand, dass dieser Verein als Benfica Lissabon Weltruhm erlangen sollte. Mit dem legendären Eusebio gewannen die Portugiesen in den 60ern zwei Mal den Europapokal der Landesmeister – unter anderem das legendäre Finale 1962 gegen Real Madrid in Amsterdam.

6. November

Am 6. November 1981 machen sich die Arminen aus Bielefeld auf den Weg nach Dortmund und denken an nichts Böses. Klar, im Revier gehen die Ostwestfalen als Außenseiter auf den Platz, aber so schlimm wird es schon nicht werden. Sie gehen sogar nach 16 Minuten durch Frank Pagelsdorf in Führung, die Manfred Burgsmüller noch vor dem Pausenpfiff ausgleicht. 1:1, alles in Ordnung so weit, und dann bricht etwas über die Arminia herein, was es vorher und nachher nie wieder gegeben hat: zehn Tore in einer Halbzeit – Wahnsinn!

27. Februar

Dieser Verein lässt keinen kalt. Entweder er wird geliebt oder gehasst. Rekordmeister und mitgliederstärkster Sportverein der Welt, viele Triumphe und Auftritte von Weltstars und immer wieder Diskussionen über Arroganz und Wettbewerbsverzerrung. Der FC Bayern München kann nun mal nicht anders, er denkt immer in den ganz großen Dimensionen. Doch der Konzern, der heute einen Jahresumsatz von Hunderten Millionen Euro bewegt, begann ganz klein: Am 27. Februar 1900 fanden sich 13 Gründungsmitglieder im Schwabinger »Weinhaus Gisela« ein, um einen neuen Verein zu gründen.

7. November

Die beiden Spiele am 24. Oktober und 7. November 1973 sind eine sportliche Sensation und ein Politikum: Zum ersten Mal treffen im Europapokal Deutschland West und Deutschland Ost aufeinander. Die mit Weltstars bestückte Millionentruppe von Bayern München gegen den krassen Außenseiter Dynamo Dresden – dieses Duell elektrisiert die Massen. Das Kräftemessen verläuft spektakulär: Dynamo Dresden liefert einen großen Kampf und scheidet nach zwei tollen Spielen (3:4, 3:3) denkbar knapp aus.

26. Februar

Kevin-Prince Boateng war ein Spieler, der mit viel Talent gesegnet war, aber auf dem Platz ganz schön hinlangen konnte und auch außerhalb des Öfteren als Rüpel auffiel. Als Boateng im FA-Cup-Finale 2010 seinen Gegner Michael Ballack so übel trat, dass der Nationalmannschafts-Kapitän eine Verletzung davontrug, die ihn die WM-Teilnahme kostete, jaulte eine ganze Nation auf. Aber es gab auch den anderen Kevin-Prince, der sich gegen Rassismus auflehnte und Kante zeigte.

8. November

Am 8. November 1975 leitete Wolf-Dieter Ahlenfelder die Partie Werder Bremen gegen Hannover 96. Vor dem Spiel ging er mit Schiedsrichterbetreuer Richard Ackerschrott zum Essen. Es gab fettige Gans, die mit Bier und Malteser runtergespült wurde. Offenbar wirkte sich der Alkohol nicht nur auf die Verdauung, sondern auch auf das Urteilsvermögen des Referees aus: Nach 32 Minuten pfiff Ahlenfelder zur Halbzeit. Um das Weserstadion bekommt man noch heute ein Bier und einen Malteser, wenn man einen »Ahlenfelder« bestellt.

25. Februar

Dieter Hoeneß hatte am 25. Februar 1984 einen bemerkenswerten Auftritt: Zwischen der 68. und 89. Minute gelangen ihm beim Heimspiel gegen Eintracht Braunschweig sage und schreibe fünf Treffer. 21 Minuten für eine Ausbeute, für die andere eine ganze Saison oder länger benötigen, das musste doch ein Rekord für die Ewigkeit sein. Von wegen: Mehr als 30 Jahre später kam Robert Lewandowski (ebenfalls im Trikot der Bayern) und pulverisierte den Rekord.

9. November

Andreas Brehme (geboren am 9. November 1960 in Hamburg) war nicht nur der Kicker mit der ausgefeiltesten Schusstechnik rechts wie links – das entscheidende Elfmetertor im WM-Finale 1990 gelang ihm übrigens mit rechts –, sondern auch ein Fußball-Philosoph mit bemerkenswerten Einsichten. Die Automatismen einer Pechsträhne erläuterte der 86-fache Nationalspieler folgendermaßen: »Haste Scheiße am Fuß, haste Scheiße am Fuß.«

24. Februar

Am 24. Februar 1971 bestritt Willi
Lippens sein erstes und letztes
Länderspiel für die Niederlande.
Der Stürmer, halb Deutscher,
halb Holländer, wurde von seinen
Mitspielern nicht akzeptiert.
Lippens, den sie wegen seines
watschelnden Ganges »Ente«
riefen, war ein begnadeter
Dribbler und ein Original. Als ihm
der Schiedsrichter sagte: »Herr
Lippens, ich verwarne Ihnen«,
antwortete der Essener gedanken-
schnell: »Herr Schiedsrichter, ich
danke Sie.« Noch schöner die
Anekdote, als Lippens nach dem
Schlusspfiff zum Unparteiischen
ging und ihm mitteilte: »Schönes
Spiel, schade, dass du es nicht
gesehen hast.«

10. November

Jens Lehmann (geboren am 10. November in Essen) stand lange im Schatten seines Konkurrenten Oliver Kahn, mit dem ihn eine innig gepflegte Abneigung verband. Bei der WM 2006 im eigenen Land schlug allerdings die große Stunde des Keepers, der vor Beginn des »Sommermärchens« von Bundestrainer Jürgen Klinsmann zur Nummer eins befördert worden war. Vor allem, als es im Viertelfinale gegen Argentinien ins Elfmeterschießen ging und Lehmann seinen berühmten Spickzettel präsentierte, um den Gegner zu verunsichern. Es gelang, Lehmann entschärfte zwei Strafstöße und wurde zum Helden.

23. Februar

Sir Stanley Matthews (geboren am 1. Februar 1915 in Hanley, Staffordshire, gestorben am 23. Februar 2000 in Newcastle-under-Lyme) gilt als einer der besten Rechtsaußen der Fußballgeschichte. Ein Mann, dessen Trickkiste so üppig gefüllt war, dass Generationen von Verteidigern von einer Verlegenheit in die nächste gerieten. Gefürchtet wurde Matthews vor allem für den nach ihm benannten Trick, bei dem er den Gegenspieler mit schnellen Gewichtsverlagerungen aus dem Gleichgewicht brachte.

11. November

Philipp Lahm (geboren am 11. November 1983 in München) hob die Position des rechten Außenverteidigers auf eine neue Stufe. So ballsicher, technisch gewandt und taktisch ausgereift hatte diese Position bis dato noch niemand ausgefüllt. Entsprechend hitzig wurden die Debatten geführt, als Jogi Löw den Bayern-Profi ins defensive Mittelfeld beorderte. Das Volk begehrte auf und forderte lautstark, Lahm auf seiner angestammten Position spielen zu lassen. Und siehe da, als die Nationalmannschaft 2014 auf den Gipfel stürmte, wirbelte Lahm wieder rechts in der Viererkette.

22. Februar

Als die Bundesliga am 26. August
1963 ihren ersten Spieltag erlebte,
stand auch Wilhelm Huberts
(geboren 22. Februar 1938 in
Voitsberg in der Steiermark) auf
dem Platz. Warum das erwäh-
nenswert ist? Kaum vorstellbar,
aber wahr: Der österreichische
Nationalspieler, der für Eintracht
Frankfurt auflief, war einer von
drei Protagonisten, die keinen
deutschen Pass hatten. Die anderen beiden waren der Nieder-
länder Jakobus Prins (1. FC Kai-
sers-lautern) und der legendäre
jugoslawische Torhüter Petar
Radenkovic (1860 München). So
war das eben, als der deutschen
liebstes Kind noch Windeln trug.

12. November

Die Quote war irre: 5000:1, aber wer würde schon so bekloppt sein, sein schwer verdientes Geld darauf zu setzen, dass Leicester City Meister wird? Doch dann geschah das Unfassbare: Der von Claudio Ranieri trainierte krasseste Außenseiter der Fußballgeschichte zeigte den Milliarden-Klubs ManU, Manchester City, Chelsea, Tottenham und Arsenal tatsächlich die Rücklichter. Die drei größten englischen Wettanbieter mussten insgesamt 7,7 Millionen Pfund ausschütten. Bei 24 Wettern gelang es ihnen, die Wetten frühzeitig abzukaufen, 23 hielten jedoch aus und gaben sich die volle Dröhnung.

21. Februar

Als Oliver Bierhoff am 21. Februar 1996 im Länderspiel gegen Portugal eingewechselt wurde, konnte niemand erahnen, welche Geschichte sich daraus entwickeln würde. Bierhoff war ein Spätberufener, erst mit 28 wurde er für würdig befunden, für die Nationalmannschaft aufzulaufen. Jahrelang galt er als staksiger, wenig veranlagter Stürmer, erst in Italien schaffte er den Durchbruch. Und dann das: Wenige Monate nach seinem Debüt gelang Bierhoff beim EM-Finale gegen Tschechien im Londoner Wembley Stadion das erste Golden Goal der Fußball-Geschichte, mit dem sich Deutschland den Titel sicherte.

13. November

Roberto Boninsegna (geboren am 13. November 1943 in Mantua) war im Oktober 1971 Hauptdarsteller bei einem der gleichzeitig schönsten und bittersten Spiele der Borussia vom Niederrhein. Mit 7:1 nahm das Team um Günter Netzer Inter Mailand auseinander, doch dann traf eine Getränkedose Boninsegna an der Schulter. Er ließ sich wie vom Blitz getroffen zu Boden fallen, wurde behandelt, ließ sich schließlich auf einer Trage abtransportieren und zwinkerte dabei seinen Mitspielern zu. Die schauspielerische Leistung wirkte: Das Spiel wurde neu angesetzt. In Berlin gab es ein 0:0, Gladbach schied aus.

20. Februar

Am 20. Februar 1993 bestritt
Matthias Sammer sein erstes
Spiel für Borussia Dortmund und
erzielte gegen den VfL Bochum
gleich das Tor zum 1:0-End-
stand. Schon da offenbarte der
gebürtige Dresdner, was ihn aus-
zeichnet: Dynamik, Tordrang,
Blick für den Raum und ein Ehrgeiz, der so brennend war, dass
der Rotschopf damit immer
wieder aneckte. Sammer mar-
schierte vorweg, unbeirrbar, und
wenn einer nicht so mitzog, wie
er sich das vorstellte, bekam er
den Zorn Sammers zu spüren.
Diese Einstellung bewahrte
er sich auch als Trainer, Sport-
direktor beim DFB und als
Sport-Vorstand bei den Bayern.

14. November

Ernst Happel (geboren am 29. November 1925) war als Fußballer ein begnadeter Techniker, als Trainer ein begnadeter Grantler. Der »Spiegel« bezeichnete den Mann, der Feyenoord Rotterdam zum Gewinn des Weltpokals und den HSV zum Triumph im Europapokal der Landesmeister führte, als »Hasardeur mit einem revolutionären Offensivstil«. Zudem war der ständig rauchende Happel ein bekennender Lebemann, der dem Wiener Schmäh nie abgeneigt war. So sagte er zu Hansi Müller, als dieser Redebedarf anmeldete: »Wann's red'n wollen, müssen's Staubsaugervertreter werden. Ich brauche nur Fußballer.«

19. Februar

Christoph Kramer (geboren am 19. Februar 1991) machte sich in der Bundesliga als defensiver Mittelfeldspieler bei Borussia Mönchengladbach von großem strategischen Geschick einen Namen. Kramer steht aber auch für eines der spektakulärsten Eigentore in der Bundesliga-Geschichte (im Spiel gegen Dortmund): Ein Heber aus gut 45 Metern über den eigenen Torwart, den Kramer so beschreibt: »Als der Ball den Fuß verlassen hat, habe ich schon gedacht: Scheiße. Als ich sah, dass Yann Sommer so weit vorm Tor steht, dachte ich noch mal: Scheiße. Und als der Ball im Tor war, dachte ich: große Scheiße.«

15. November

Sein Name ist hierzulande weitgehend in Vergessenheit geraten,
dabei sorgte dieser Mann für
eine der schwärzesten Stunden
in der ruhmreichen Geschichte
der deutschen Nationalmannschaft: Sergio Conceicao. Der
Stürmer (geboren am 15. November 1974 im portugiesischen
Coimbra) schoss die DFB-Auswahl
bei der EM 2000 zum Abschluss
der Vorrunde im Alleingang ab.
Drei Tore des Stürmers gegen
Oliver Kahn, dabei war Conceicao
nur Teil der portugiesischen B-Elf,
was das Ausscheiden besonders
bitter machte. Fortan wurden
Deutschlands Kicker als
»Rumpelfußballer« verspottet.

18. Februar

Als Hermann Rieger am 18. Februar 2014 starb, schrieb die »Hamburger Morgenpost«, der HSV habe »ein großes Stück seiner Seele verloren«. Rieger (im Bild links neben Manfred Kastl, einem weiteren Bayern im Dienste des HSV) war weit mehr als Masseur, er war der gute Geist und Beichtvater des Traditionsklubs. Der Oberbayer wurde an der Waterkant heimisch, die HSV-Fans verehren ihn auch nach seinem Tod. Der Sänger Lotto King Karl schrieb über Rieger: »Deine Art und dein Geist, deine Freundlichkeit, dein Respekt für den Anderen sind Eigenschaften, die jeder immer als vorbildlich empfunden hat.«

16. November

In der B-Jugend beim TSV Haar
lief Sepp Maier noch als Mittelstürmer auf, bevor er dann seine
wahre Bestimmung fand:
Zwischen den Pfosten war die
Welt des ebenso fangsicheren,
ehrgeizigen wie fröhlichen
Torhüters, der beim FC Bayern
München und in der deutschen
Nationalmannschaft eine Weltkarriere machen sollte. Maier
war für jeden Spaß zu haben,
zum Beispiel ging der Weltmeister
von 1974 im Münchner Olympiastadion mal auf Entenfang,
als sich das arme Federvieh aus
dem Park auf den Rasen verirrt
hatte.

17. Februar

Als Johan Cruyff im Frühjahr 1973 ein Angebot von Real Madrid vorliegen hat, düpiert der Holländer die »Königlichen«. Der streitbare Mann, der seine Ansichten nicht für sich behält, betont, er wolle nicht für einen Verein auflaufen, der von Diktator Franco protegiert wird. Cruyff wechselt nach Barcelona und trifft Real erneut ins Herz, als er mit seinem neuen Klub am 17. Februar des Folgejahres erstmals im Bernabéu-Stadion aufläuft: Mit 5:0 vernichtet Barça, angeführt von seinem überragenden Spielmacher mit der Rückennummer 9, seinen verhassten Gegner und wird später Meister.

17. November

Ferenc Puskás (geboren am
1. April 1927 in Budapest, gestorben am 17. November 2006
ebenda) war eine Tormaschine:
Bereits mit 16 Jahren spielte das
Ausnahmetalent in der ersten
Mannschaft von Kispest Budapest,
mit 17 feierte er sein Debüt in
der ungarischen Nationalmannschaft, die als »Wunderelf« in die
Geschichte einging und bis zum
WM-Finale 1954 vier Jahre lang
unbesiegt blieb. Die Bilanz des
Halblinken ist einzigartig. Von
1943 bis 1966 erzielte Puskás
in 528 Erstligaspielen in Ungarn
und Spanien 512 Tore, wurde
acht Mal Torschützenkönig
und schoss in 88 Länderspielen
85 Treffer.

Als der knapp 23-jährige Guy Roux Anfang der 60er-Jahre bei AJ Auxerre das Traineramt übernahm, konnte keiner ahnen, welch eine Ära in dem kleinen Städtchen entstehen würde. Der knorrige Franzose blieb mit kleinen Unterbrechungen bis 2005 auf der Bank seines Vereins und führte die Mannschaft aus der Division d'Honneur, vergleichbar etwa mit der Verbandsliga in Deutschland, in die höchste Spielklasse. Unter Roux wurde Auxerre Meister, holte vier Mal den Pokal und war Stammgast im Europapokal. Ohne den Vater des Vereins ging es steil bergab, Auxerre wurde bis in die 3. Liga durchgereicht.

18. November

In der Nacht nach dem großen Finale war die Stimmung getrübt: Deutschland war 1974 zum zweiten Mal Weltmeister, doch Paul Breitner und Gerd Müller erklärten ihren Rücktritt aus der Nationalelf. Wegen des Ausschlusses der Spielerfrauen vom offiziellen Bankett wollten beide nicht mehr für den Deutschen Fußball-Bund (DFB) spielen. Das war typisch Breitner, der ein ebenso begnadeter wie ehrgeiziger Spieler war, der aber auch immer wieder aneckte, weil er ein streitbarer Geist war. So polterte der bärtige Rebell nach einem Titelgewinn der Bayern: »Kann denn in diesem Scheißverein keiner feiern?«

15. Februar

Ailton war ein Phänomen, ein kleiner Stürmer, der so wenig nach Leistungssportler aussah, dass sie ihn in Bremen liebevoll »Kugelblitz« riefen. In der Hansestadt wussten sie genau, dass es ohne diesen außergewöhnlichen Spieler nie und nimmer geklappt hätte mit dem Doublegewinn 2004. Ailton traf am Fließband, und weil das so war, ließ ihm sein Trainer Thomas Schaaf so einiges durchgehen. Aber nicht alles. Als der Brasilianer seinen Heimataufenthalt mal wieder eigenmächtig überzog, gab Schaaf zu Protokoll, er habe bezahlten Urlaub: »Ailton macht Urlaub, und dafür bezahlt er.«

19. November

»O Rei«, den König, nannten sie Edson Arantes do Nascimento, kurz Pelé, in seiner Heimat Brasilien. Die Fifa krönte ihn zum Fußballer des 20. Jahrhunderts, sagenhafte 1281 Tore gelangen dem Stürmer in seiner unvergleichlichen Karriere. Der 1000. Treffer fiel am 19. November 1969 im Maracanã-Stadion von Rio de Janeiro beim Gastspiel des FC Santos bei Vasco da Gama und versetzte Brasilien in den Ausnahmezustand. Als Pelé mit einem Elfmeter einnetzte, läuteten im ganzen Land die Kirchenglocken, die Kinder bekamen schulfrei, und die Post brachte eine Sondermarke heraus.

14. Februar

Ob Horacio Troche (stehend, 2. von links) nun am 14. Februar 1936 oder am 4. Februar 1935 geboren wurde, lässt sich nicht mehr zweifelsfrei ermitteln. In seiner Biografie sind sicherheitshalber beide Termine vermerkt. Klar und eindeutig war jedoch die Aktion, mit der sich der Mann aus Uruguay unauslöschlich ins kollektive deutsche Fußballgedächtnis eingebrannt hat: Beim WM-Viertelfinale gegen Deutschland war der beinharte Verteidiger bereits vom Platz geflogen, doch bevor er sich unter die Dusche trollte, ohrfeigte er noch Uwe Seeler.

20. November

Wolfgang Seel hatte in seiner Karriere zwei außergewöhnliche Auftritte, mit denen er sich seinen Platz im Herzen der Fans von Fortuna Düsseldorf sicherte: 1979 gelang ihm in der Verlängerung des Pokalfinals gegen Hertha BSC das goldene Tor. Sein größtes Spiel absolvierte er, als die Fortuna im Endspiel des Europapokals der Pokalsieger auf den FC Barcelona traf und dem haushohen Favoriten einen denkwürdigen Schlagabtausch lieferte: Seel gelangen zwei Tore, doch die Niederlage vermochte auch er nicht zu verhindern. Die tapferen Rheinländer unterlagen den Katalanen mit 3:4 nach Verlängerung.

13. Februar

Es wird ja in der Bundesliga immer so viel von Tradition geredet, da fällt es auf, dass der 1. FC Köln erst 1948 gegründet wurde und nicht – wie sie in der Domstadt meinen – schon ewig da war. Am 3. Februar entstand der Verein durch den Zusammenschluss zweier Fußballvereine und ist seitdem nicht mehr aus dem Oberhaus wegzudenken. Als die Bundesliga gegründet wurde, war dieser Klub betreffs Professionalität und Finanzkraft das, was später Bayern München werden sollte: Marktführer. Prompt wurde der FC in der Premierensaison Meister. Das Foto zeigt Kölner Spieler vor dem letzten Saisonspiel am 9. Mai 1964.

21. November

Als Spieler und Trainer machte sich Werner Lorant (geboren am 21. November 1948 in Welver bei Soest) vor allem deshalb einen Namen, weil er weder sich noch seine Spieler und erst recht nicht den Gegner schonte. Der Beiname »Beinhart« sagt eigentlich alles. Seine Einstellung bündelte Lorant in seinem Wahlspruch: »Ich wechsle nur aus, wenn sich einer ein Bein bricht.«

»Selbstverliebt und ein wenig unnahbar«, so beschreibt die »FAZ« Georg Buschner (geboren am 26. Dezember 1925 in Gera, gestorben am 12. Februar 2007 in Jena). Und weiter: »Ob es berechtigt ist, Buschner eine Trainerlegende zu nennen, darüber darf gestritten werden. Zumindest zeichnet Buschner für die erfolgreichste Schaffensperiode der DDR-Auswahl verantwortlich: Bronzemedaille bei den Olympischen Spielen 1972 in München, der Olympiasieg 1976 in Montreal und natürlich bei der WM 1974 das legendäre 1:0 über den »Klassenfeind« aus dem Westen der Republik.

22. November

Am 22. November 1950 drängen
sich sage und schreibe 115.000
Menschen im Stuttgarter Neckar-
stadion. Sie alle wollen etwas
sehen, was im Normalfall eine
Selbstverständlichkeit ist,
in diesen Zeiten jedoch etwas
ganz Besonderes: ein Länderspiel. Die Begegnung gegen die
Schweiz ist nach grausamen
Zeiten ein erster Schritt zurück
zur Normalität. Neun Debütanten
spielen für Deutschland, das
Spiel entscheidet der Schalker
Herbert Burdenski per Elfmeter.
Mit Turek, Morlock und Ottmar
Walter stehen drei Spieler auf
dem Rasen, die vier Jahre später
Weltmeister werden.

11. Februar

Torhüter René Müller (geb. 11. Februar 1959), war einer der Protagonisten bei einem der größten Festtage in der Geschichte des DDR-Fußballs. Vor mehr als 100.000 Zuschauern im völlig überfüllten Leipziger Zentralstadion schlugen die Sachsen Girondins Bordeaux mit 6:5 nach Elfmeterschießen und zogen ins Finale des Europapokals der Pokalsieger ein. Ein unglaublicher Coup, denn Leipzig brachte eine aufgepäppelte Stadtauswahl auf den Platz, deren Saisonvorbereitung ein Desaster war. Bei einer Reise in die Sowjetunion hatten sich die Spieler die Ruhr eingefangen. Die Mannschaft war unter Quarantäne gestellt.

23. November

Es gibt auf YouTube jenes wunderbare Video, auf dem Walter Frosch (sechster von rechts) zu sehen ist, als er beim Tag der Legenden in Hamburg gefragt wird, was er denn in seinen Stutzen bei sich trage. Die lapidare Antwort des Verteidigers: »Zigaretten!« Die wenig professionelle Einstellung verhinderte eine erfolgreichere Karriere eines Spielers, der seinen Lebensstil bis zum letzten Tag durchzog und ein trauriges Ende erlitt: Walter Frosch starb am 23. November 2013 in Hamburg an Lungenkrebs.

10. Februar

Am 23. Januar 1939 wurde
Matthias Sindelar (geb. 10. Februar 1903) tot in seiner Wohnung
aufgefunden. Ob es ein Mord
oder Unfall war, blieb bis heute
ungeklärt – auch das trug zum
Mythos bei, der sich um den
»Papierenen« rankt, wie Sindelar
aufgrund seiner schmächtigen
Figur genannt wurde. Keiner
beherrschte das in Österreich
»Scheiberlspiel« genannte
Kurzpassspiel mit schnellen,
trickreichen Kombinationen
so wie er.

24. November

Viele Quellen geben David Pratt vom englischen Siebtligisten Chippenham Town als schnellsten Rotsünder aller Zeiten an. Der Spieler flog drei Sekunden nach Anpfiff der Partie in Bashley vom Platz, nachdem er einen Gegenspieler rüde attackiert hatte. Aber einer war noch schneller: Im Spiel gegen Darlington am 24. November 1999 flog Walter Boyd nach null Sekunden Einsatzzeit vom Platz. Boyds Klub FC Swansea hatte einen Freistoß zugesprochen bekommen, als Boyd eingewechselt wurde. Bevor der Schiedsrichter die Partie anpfiff, schlug Boyd einem Gegner den Ellenbogen ins Gesicht und sah die Rote Karte.

9. Februar

Meistens werden Märchen wahr.
So wie bei der EM 2004 in Portugal.
Otto Rehhagel ist der Trainer
eines Landes, dessen Sprache er
nicht spricht, doch er findet den
richtigen Ton. Er lässt Griechenland ein antiquiertes System mit
Libero spielen, und es funktio-
niert. Die Gegner beißen sich
reihenweise die Zähne aus.
Das Finale entscheidet Angelos
Charisteas (geb. 9. Februar
1980). Er wird zum National-
helden, genau wie der Trainer,
den sie fortan »Rehakles« rufen.

»Die Ungarn werden wie ihre fetten Gänse aus der Puszta geschlachtet«, schrieb der »Daily Mirror«, bevor Olympiasieger Ungarn am 25. November im Londoner Wembley Stadion antrat. Dass den Männern um Major Puskas und dem famosen Mittelstürmer Hidekutti der Ruf eines Wunderteams vorauseilte – Pustekuchen. England hatte auf der Insel noch nie gegen einen Gegner vom Kontinent verloren, und das würde selbstverständlich so bleiben. Und dann das: 3:6, keine Niederlage, eine Hinrichtung. Für den Fußballhistoriker Christian Eichler war es »die Demonstration der Überlegenheit einer neuen Spielidee«.

8. Februar

Hristov Stoichkov (geboren am 8. Februar 1966) war ein begnadeter Techniker mit riesigem Ego. Der Bulgare konnte so hart und platziert schießen, dass ihn seine spanischen Bewunderer während seiner Zeit beim FC Barcelona »El Pistolero« nannten. Wie gefährlich dieser kapriziöse Fußballer war, bekamen auch die Deutschen zu spüren, als Stoichkov beim WM-Viertelfinale 1994 in den USA mit einem satten Freistoß das 1:1 erzielte (unser Foto). Am Ende verlor der Titelverteidiger und war raus, Stoichkov wurde Europas Fußballer.

Man nannte ihn den »Gerd Müller des Ostens«, und viele von denen, die ihn spielen sahen, vergleichen ihn mit dem ungleich berühmteren Kollegen aus dem Westen: Sein Stürmerkollege Jürgen Nöldner beschrieb Joachim Streich mal so: »Er stellte die Inkarnation des echten Mittelstürmers dar. Schlitzohrig und raffiniert im Abschluss mit dem Gespür selbst für die Minichance.« Das hätte tatsächlich auch eine Charakterisierung von Gerd Müller sein können.« Streich war in der DDR Oberliga-Rekordtorschütze mit 229 Toren, Rekordnationalspieler mit 102 Länderspielen und Rekordschütze mit 55 Treffern.

7. Februar

Christian Kulik erinnert sich an die legendäre Szene, als sich Günter Netzer beim Pokalfinale 1973 zwischen Gladbach und Köln selbst einwechselte: »Kurz vor dem Beginn der Verlängerung, ich lag erschöpft auf dem Platz, kam Günter zu mir und fragte mich, ob ich noch kann. Da meinte ich zu ihm, dass ich völlig kaputt sei, und bin dann auch einfach liegen geblieben. Dann kam Netzer rein und machte keine zwei Minuten später das Siegtor. Wie das genau ablief, hatte ich gar nicht mitbekommen. Ich wusste nicht, ob Netzer von sich aus entschieden hat, dass er jetzt spielt, oder ob Weisweiler davon wusste.«

27. November

Bei Borussia Dortmund haben sie immer noch das 0:12-Debakel gegen Borussia Mönchengladbach vor Augen, doch es gibt in der Vereinsgeschichte noch eine andere furchterregende Klatsche im zweistelligen Bereich: Am 27. November 1971 feiern die Bayern gegen ihren heutigen Erzrivalen ihren bislang höchsten Bundesliga-Sieg: Mit 11:1 fegen sie Dortmund vom Platz, die Tore schießen Gerd Müller (4), Ulli Hoeneß (2), Franz Roth (2), Franz Beckenbauer, Wilhelm Hoffmann und Paul Breitner. Wer die Hütte so voll bekommt, hat in der Liga nichts zu suchen: Am Ende der Saison steigt der BVB ab.

6. Februar

Der 6. Februar 2002 war ein ganz besonderer Tag in der Geschichte des FC St. Pauli. Der Kiezklub besiegte im Heimspiel niemand Geringeren als den großen FC Bayern München. Hendrik Lüttmer, Produktchef der »Upsolut Merchandising GmbH«, die für den FC St. Pauli das Geschäft mit den Fanartikeln betreibt, hatte am nächsten Morgen zwar einen dicken Kopf, »doch der Gedanke war noch da«: Weltpokalsiegerbesieger. Die erste Auflage der mit dem Slogan bedruckten braunen T-Shirts betrug gerade mal 400. Doch dann ging der Hype los: Mittlerweile wurden mehr als 120.000 verkauft.

28. November

Als Flügelstürmer in Mönchengladbach war Ewald Lienen (geboren am 28. November 1953) eine schillernde Persönlichkeit, weil er lange Haare trug, sich für die Friedensbewegung engagierte und Opfer des aufsehenerregendsten Fouls der Bundesliga wurde. Als Trainer machte er sich als »Zettel-Ewald« einen Namen, weil er auf der Bank ständig Dinge notierte, und erarbeitete sich den Ruf, ein Pedant zu sein. Das änderte sich, als Lienen beim FC St. Pauli anheuerte und im Herbst seiner Karriere eine vorher nicht gekannte Nonchalance ausstrahlte.

5. Februar

Superstar, Tormaschine, Volksheld – Schönling, Schauspieler,
arroganter Schnösel: Weltweit
polarisiert kein Fußballer so sehr
wie Christiano Ronaldo (geboren
am 5. Februar 1985 in Funchal
auf der Insel Madeira). Der Portu-
giese wird als Superstar und
bestverdienender Sportler auf
unserem Globus hofiert und für
seine zahlreichen Mätzchen
verachtet. Dieses Image bedient
Ronaldo geschickt, indem er
gar nicht erst versucht, durch
Bescheidenheit zu punkten.
Kostprobe gefällig: »Ich suche
die Rekorde nicht, die Rekorde
suchen mich!«

Lothar Emmerich (geboren am 29. November 1941 im Dortmunder Stadtteil Dorstfeld, gestorben am 13. August 2003 in Hemer) war als Stürmer ein Phänomen. Die »linke Klebe« des begnadeten Vollstreckers war eine echte Waffe, wo immer er den Ball erwischte, donnerte ihn »Emma« in die Maschen. Ein Tor für die Ewigkeit gelang Emmerich bei der WM 1966 in England im Vorrundenspiel gegen Spanien, ein Spruch für die Ewigkeit ist auch noch überliefert. Forderte Emmerich den Ball, rief er seinen Mitspielern zu: »Gib mich die Kirsche!«

4. Februar

Als Deutschem Meister gebührte
Werder Bremen (gegründet am
4. Februar 1899) die Ehre, die
Saison 2004/05 gegen Schalke 04
eröffnen zu dürfen. 42.000 Zuschauer auf den Rängen und
Millionen vor den Fernsehern
fieberten der Partie entgegen.
Aber dann passierte: nichts.
Plötzlich war es dunkel im Stadion
und auf den Bildschirmen. Durch
einen Stromausfall, der 65 Minuten
lang anhielt, ging das Eröffnungsspiel in die Bundesliga-Geschichte
ein. Die Fans warteten, skandier-
ten: »Wir wollen Fußball sehen,
Fußball geht auch ohne Strom«,
und wurden mit einem 1:0-Sieg
(Torschütze Nelson Valdez)
für ihre Geduld belohnt.

30. November

1979 entwickelte der europäische Fußballverband UEFA die Idee, die sogenannte Fünfjahreswertung einzuführen, mit deren Hilfe die Anzahl der Teilnehmer pro Land an den europäischen Vereinswettbewerben festgelegt wird. Später wurde zurück bis zum Jahr 1960 die Wertung erstellt. Im gesamten Zeitraum von 1960 bis heute gab es vier verschiedene europäische Ligen, welche die Spitzenposition einnehmen konnten: Spanien, Italien, Deutschland und England. Wer diese hochkomplexe Formel bis zum letzten Detail durchdringt, kann sofort seine Professur in Statistik einreichen. Aber zum Glück ist es ja im Zeitalter des Internets ein Kinderspiel, sich zeitnah zu informieren, wie die Lage für die heimische Liga aussieht.

3. Februar

Das hätte Joachim »Jogi« Löw
(geboren am 3. Februar 1960
in Schönau im Schwarzwald)
niemand ernsthaft zugetraut:
Als ihn Jürgen Klinsmann in sein
Trainerteam aufnahm, hatte er
in Stuttgart, Istanbul und Wien
eine unauffällige Trainerkarriere
hingelegt, die ihn kaum für
größere Missionen zu befähigen
schien. Auch als Löw das Zepter
nach der WM 2006 als Bundestrainer übernahm, blieb die
Öffentlichkeit skeptisch: Das sei
einer, der über viele talentierte
Spieler verfüge, doch nicht für
große Titel infrage komme,
monierten die Zweifler. Die
WM 2014 bewies das Gegenteil!

1. Dezember

Man glaubt es kaum: Karl-Heinz »Charly« Körbel (geboren am 1. Dezember 1954 in Dossenheim) erblickte in Baden-Württemberg das Licht der Welt. Macht nichts, in Hessen haben sie ihn längst als einen der Ihren ins Herz geschlossen. Als »treuer Charlie« verehren sie den knorrigen Verteidiger bei Eintracht Frankfurt, tatsächlich ist dieser Mann der Prototyp des ehrlichen, bodenständigen und vereinstreuen Profis. Sage und schreibe 602 Bundesligapartien bestritt Körbel für den Verein seines Herzens, ein Rekord, der auch noch in 150 Jahren Bestand haben könnte.

2. Februar

Leonardus van der Kroft (geb. 2. Februar 1929) wurde für die Anhänger von Borussia Mönchengladbach zum Sinnbild der Ungerechtigkeit. Am 17. März 1976 gastierte der Deutsche Meister im Viertelfinale des Europapokals der Landesmeister bei Real Madrid, nach dem 2:2 im Hinspiel wurde das Ausscheiden erwartet. Doch das Team von Udo Lattek spielte groß auf. Zum Triumph wurde die epochale Vorführung jedoch nicht, weil der Unparteiische aus bis heute nicht geklärter Ursache zwei blitzsauberen Toren der Gladbacher die Anerkennung versagte. Statt 3:1 endete die Partie 1:1, und Gladbach war draußen.

2. Dezember

Das Finale um den Weltpokal
am 2. Dezember 1997 stand für
Borussia Dortmund unter keinem
guten Stern. Nach dem Triumph
in der Champions League fand
sich der BVB in der Bundesliga
nur im Mittelfeld wieder, nicht
jeder im Verein war glücklich
über den zusätzlichen Abstecher
nach Tokio. Doch der Ausflug
nach Japan sollte sich lohnen,
die Borussia sicherte sich mit
dem Gewinn des Weltpokals
einen enorm wertvollen Prestige-
erfolg. Gegner war mit Cruzeiro
Belo Horizonte der Sieger der
südamerikanischen Copa
Libertadores, die Tore für den
Revierklub gelangen Michael
Zorc und Heiko Herrlich.

1. Februar

Am 1. Februar 2015 verstarb in Köln Udo Lattek im Alter von 80 Jahren. Der knorrige Ostpreuße galt als harter Hund mit weicher Schale. Acht Meistertitel mit Bayern München und Borussia Mönchengladbach machten Lattek zur Koryphäe. Sein Wahlspruch lautete: »Wo ich bin, ist immer oben!« Nach seiner Trainerlaufbahn startete Lattek als meinungsstarker Experte beim Fußballtalk Doppelpass eine zweite Karriere. Um einen Spruch war er dabei nie verlegen. Zum Beispiel: »Im Kölner Stadion ist immer so eine super Stimmung, da stört eigentlich nur die Mannschaft.«

3. Dezember

Hakan Sükür ist in seiner Heimat Türkei ein Volksheld: Torjäger, Kapitän und Vorbild, diesem Fußballer lag das fußballverrückte Land am Bosporus zu Füßen, die Fans nannten ihn »Kral« (König). Bei der WM 2002 setzte sich der König die Krone auf: Im Spiel um Platz drei gegen den Co-Gastgeber Südkorea traf Sükür bereits nach elf Sekunden ins Tor und entschied damit das kleine Finale. Es war das schnellste Tor in der Geschichte von Weltmeisterschaften. Nach seiner Karriere zog Sükür für die Regierungspartei AKP ins Parlament ein, distanzierte sich jedoch später von der Partei und Ministerpräsident Erdogan.

31. Januar

Am 31. Januar 2010 gewann Ägypten in Luanda das Finale um die Afrikameisterschaft gegen Ghana mit 1:0 und sorgte damit für riesigen Jubel im Land der Pharaonen. Das Tor des Tages gelang Gedo auf Zuspiel von Mohamed Zidan (Foto), der in der Bundesliga bei Werder Bremen, Mainz 05, Borussia Dortmund und dem HSV unter Vertrag stand. Der hatte sich übrigens einen Rüffel von seinem Trainer Hassam Shehata eingefangen, weil er nach dem Abpfiff nicht wie seine Mitspieler auf die Knie sank und betete. Nie würde er einen Spieler aufstellen, der kein gläubiger Muslim sei, beteuerte Shehata.

4. Dezember

Eduard Geyer (geboren am 4. Dezember 1944), den sie immer nur »Ede« riefen, war eine Koryphäe des DDR-Fußballs. Als Stürmer bei Dynamo Dresden brandgefährlich, als Trainer bei Energie Cottbus ein echter Kautz, der mit Strenge agierte und nie um einen lockeren Spruch verlegen war. Kostprobe gefällig: »Manche junge Spieler haben eine Einstellung zum Leistungssport wie die Nutten auf St. Pauli. Die rauchen, saufen und huren rum, gehen morgens um sechs Uhr ins Bett.« Oder auch dies: »Wenn sich jemand dehnen will, soll er nach Dänemark fahren. Bei mir wird gelaufen, da kann keiner quatschen.«

30. Januar

Der HSV-Präsident und spätere Manager Peter Krohn hatte die Idee, seine Mannschaft in rosa Trikots auflaufen zu lassen, um mehr Frauen ins Stadion zu locken. Dann, im Mai 1977, ein Jahr nach der Einführung, gewann der HSV in rosa Trikots in Amsterdam das Finale um den Europapokal der Pokalsieger. 2016 holte der »Dino« die rosa Leibchen wieder hervor, doch das fand nicht den Segen von Peter Krohn: »Als Finalist kann ich das Team so einlaufen lassen. Im Abstiegskampf macht man sich doch lächerlich. Verpackung kann man erst herausholen, wenn die Leistung stimmt.«

5. Dezember

Klaus Sammer (geboren am
5. Dezember 1942 in Gröditz)
war im Fußball der DDR vieles:
während seiner aktiven Laufbahn
eisenharter Verteidiger, später
Trainer bei Dynamo Dresden
und natürlich Vater von Matthias
Sammer. Der 17-malige Nationalspieler feierte auf dem Rasen
und auf der Bank diverse Erfolge,
war aber auch Teil des größten
Fiaskos, das der DDR-Fußball
jemals erlebte: Bei der unfassbaren
3:7-Niederlage in Uerdingen, als
Dynamo einen 5:1-Vorsprung
aus dem Hinspiel und der ersten
Hälfte des Rückspiels binnen
45 Minuten verspielte, saß Sammer auf der Bank. Zum letzten
Mal, danach wurde er gefeuert.

29. Januar

Der Türke Ethem Özerenler kam 1968 nach Deutschland, wo er in Mönchengladbach in einer Spinnerei Arbeit fand. Von 1977 bis 2002 feuerte er von der Nordkurve aus trommelnd die Mannschaft von Borussia Mönchengladbach an. Die Fans liebten ihn, nannten ihn »Manolo«, er hatte auf dem Bökelberg seinen festen Platz auf dem Zaun, zuletzt sogar einen eigenen Hochsitz. »Manolo« war der erste offizielle Trommler und Einpeitscher der Bundesliga. Nachdem er 2002 schwer erkrankte, besuchte »Manolo« nur noch selten die Spiele seiner Borussia. Als er im Frühjahr 2008 starb, trug die Mannschaft Trauerflor.

6. Dezember

Hans-Ulrich »Ulli« Thomale
(geboren am 6. Dezember 1944)
war der Trainer, der Lok Leipzig
in der Saison 1986/87 bis ins
Endspiel des Europapokals der
Pokalsieger führte. Thomale und
seinen Spielern gelang es, aus
wenig viel zu machen, weil diese
Mannschaft wie Pech und
Schwefel zusammenhielt.
Der Sieg im Halbfinale gegen
Girondins Bordeaux vor mehr
als 100.000 Zeugen ist legendär,
das Finale gegen Ajax Amsterdam
ging knapp mit 0:1 verloren.
Thomale: »Cruyff ging anschlie-
ßend für ein Jahresgehalt von
fünf Millionen nach Barcelona,
ich habe für 2000 Ostmark
im Monat weitergearbeitet.«

28. Januar

Wenn Gianluigi Buffon (geboren am 28. Januar 1978) vor einem Länderspiel die italienische Hymne intoniert, dann tut er das so laut, dass man im Stadion problemlos die Lautstärke auf null drehen könnte. Die Fans würden dennoch bestens beschallt. Buffon stürzt sich voller Leidenschaft in seinen Beruf. Als der viermalige Welttorhüter des Jahres mit 973 Minuten ohne Gegentor für Juventus Turin einen neuen Ligarekord aufstellte, verfasste er einen Liebesbrief an das Tor. »Ich war zwölf Jahre alt, als ich dem Tor den Rücken zugewendet habe. Und ich werde es weiter tun. Solange Beine, Kopf und Herz mich tragen.«

7. Dezember

Max Merkel (geboren am 7. Dezember 1918 in Wien) war der Zampano in der ersten Phase der Bundesliga. 1968 wurde der Österreicher mit Nürnberg Meister, im Jahr darauf stieg der Club ab. Einmalig. Aber da war Merkel schon gefeuert. Der impulsive Trainer agierte nach dem Motto »große Klappe, viel dahinter«, später als bitterböser Kolumnist blieb immerhin noch die große Klappe. Kostprobe gefällig? »Das Beste an Gelsenkirchen ist die Autobahn nach München.«

27. Januar

Béla Guttmann (27. Januar 1899 – 28. August 1981) konnte das Spiel lesen wie kein anderer Trainer. Seine erfolgreichste Zeit erlebte er bei Benfica Lissabon. Guttmann führte den Klub 1961 und 1962 zum Gewinn des Europapokals der Landesmeister. Am Ende jedoch hinterließ er dem Klub nach seiner Demission den »Guttmann-Fluch«: Im Streit prophezeite der charismatische Trainer, Benfica werde »in Europa 100 Jahre keinen Titel mehr gewinnen«. Und siehe da, seitdem leidet Benfica: Seit 1962 gingen dem Verein acht Finalspiele verloren.

8. Dezember

Die Kenner wissen es längst:
Wenn im Weserstadion die Flut-
lichter angehen, ist immer etwas
Besonderes zu erwarten. Das
war 1987 so beim spektakulären
6:2 nach Verlängerung gegen
Spartak Moskau und auch ein
Jahr später beim 5:0 gegen
Dynamo Berlin nach einem 0:3 im
Hinspiel. Am 8. Dezember 1993
gibt es erneut ein »Wunder von
der Weser«. Werder liegt in der
Champions League gegen den
RSC Anderlecht mit 0:3 hinten,
als Trainer Otto Rehhagel in
der Pause sein Team umstellt.
Was danach folgt, ist einfach nur
spektakulär: Die Bremer über-
rollen ihren Gegner und gewinnen
ein mitreißendes Spiel mit 5:3.

26. Januar

An Selbstbewusstsein hat es José Mario dos Santos Félix Mourinho (geboren am 26. Januar 1953) nie gemangelt. Als er bei seinem Job als Assistent und Übersetzer beim spanischen Spitzenklub FC Barcelona das Training miterlebte, dachte sich der junge Mann: »Das kann ich doch wesentlich besser!« Und siehe da: Mourinho legte eine Karriere hin, die ihresgleichen sucht. Immer auf der Schwelle zur Arroganz und zur Großkotzigkeit, eilte er von Titel zu Titel, in Portugal, England, Italien und Spanien führte er seine Klubs zur Meisterschaft, mit dem FC Porto und Inter Mailand gewann er die Champions League.

9. Dezember

So richtig viel hatten die Fans von Fortuna Düsseldorf in den letzten 50 Jahren nicht zu lachen auf ihrer ewigen Fahrstuhlreise zwischen der ersten und der vierten Liga. Doch ein Datum zaubert auch heute noch ein Lächeln auf die Lippen der Fans: Die Erwähnung des 9. Dezember 1978 ist es an den Theken der Altstadt noch immer wert, eine Runde Altbier zu bestellen. Mit sage und schreibe 7:1 fiedelte die Fortuna den Rekordmeister Bayern München ab, vor allem die zweite Hälfte war wie ein Rausch. Die Torschützen: Klaus Allofs (2), Wolfgang Seel (2), Gerd Zimmermann und Emanuel Günther (2).

25. Januar

Ob Eusebio das Silva de Ferreira am 25. oder am 5. Januar 1942 in Mosambik das Licht der Welt erblickte, kann niemand genau sagen. Verbrieft ist, dass er am 5. Januar 2014 in Lissabon starb und dass er zu den größten Torjägern gehörte, die jemals über den Rasen liefen. Bei der WM 1966 bombte er alles in Grund und Boden und schwang sich mit neun Treffern zum Torschützenkönig auf. Mit ihm erlebte Benfica Lissabon seine Blütezeit. Von 1960 bis 1975 spielte Eusébio für Benfica, schoss dort 727 Tore in 715 Spielen, gewann 11 Meisterschaften, fünfmal den Pokal und einmal, 1962, den Pokal der Landesmeister.

10. Dezember

Wenn Joachim Streich der »Gerd Müller des Ostens« war, dann war Hans-Jürgen Dörner, den sie alle nur »Dixie« riefen, für die Position von Frank Beckenbauer auserkoren. Keiner hat im DDR-Fußball die Position des Libero so brillant interpretiert wie der Sachse, der die Nationalmannschaft in mehr als 60 Spielen als Kapitän aufs Spielfeld führte. Übersicht, Auge, strategisches Gespür – der Mann von Dynamo Dresden hatte alles. Wäre er woanders geboren, hätte Dörner mit seinen üppig vorhandenen Fähigkeiten eine Riesen-Karriere hingelegt und wäre am Ende seiner Laufbahn wohlhabend gewesen.

24. Januar

Luis Suárez (geboren am 24. Januar 1987) ist ein Ausnahmestürmer, aber auch ein Enfant terrible, dem immer wieder die Nerven durchgehen. Weltweite Schlagzeilen machte sein Ausraster bei der WM 2014, als er den Italiener Giorgio Chiellini in die Schulter biss, wofür er vier Monate gesperrt wurde. Ein Fan twitterte: »Schade, dass es *Wetten dass* nicht mehr gibt, Suárez hätte 40 Fußballer am Geschmack erkennen können.« Der »Beißer« hatte zuvor auch schon in der englischen Liga mit den Zähnen zugelangt, zudem hatte er seinen Gegenspieler Patrice Evra rassistisch beleidigt, wofür er acht Spiele abbrummen musste.

11. Dezember

In der ewigen Tabelle der Bundesliga wird der SC Paderborn auf Rang 49 notiert, noch hinter TB Berlin und dem SSV Ulm 1848. Und doch hat der Verein der Liga während seines einjährigen Gastspiels einen Rekord hinterlassen, der schwer zu toppen sein wird: Es war Moritz Stoppelkamp (geboren am 11. Dezember 1986 in Duisburg), dem im Spiel gegen Hannover 96 das Kunststück gelang, den Ball aus sage und schreibe 83 Metern Entfernung im Tor zu versenken. Zu einem solchen Kunstschuss gehört natürlich auch Glück, aber Stoppelkamps Trainer Breitenreiter betonte: »Er hat die Situation auch erkannt.«

Am 23. Januar 2010 glaubte man beim Hamburger SV, einen ganz fetten Deal gemacht zu haben: Niemand Geringeres hatte beim HSV einen Vertrag unterschrieben als Ruud van Nistelrooy, Weltstar und dreimaliger Torschützen-könig der Champions League. Doch glücklich wurden sie beim HSV mit dem Ausnahmestürmer nicht, der meistens verletzt war und dann im Winter 2010/11 öffentlich proklamierte, wieder zurück zu Real Madrid wechseln zu wollen. Als sich der HSV sträubte, bot van Nistelrooy sogar sein eigenes Geld, um aus Hamburg wegzukommen.

12. Dezember

Beim FA-Cup-Finale 1956 zwischen Manchester City und Birmingham stieß der deutsche Torhüter Bert Trautmann in der 75. Minute so heftig mit einem Gegenspieler zusammen, dass er minutenlang behandelt werden musste. Der Bremer hielt trotz heftiger Schmerzen bis zum Spielende durch und half, den 3:1-Triumph von Manchester City festzuhalten. Nach dem Spiel wurde im Krankenhaus festgestellt, dass sich Trautmann einen Genickbruch zugezogen hatte. Seither gilt er als einer der Helden des englischen Fußballs, in einer Umfrage wurde er von City-Fans zum größten Spieler der Klubgeschichte gewählt.

Nicht einmal die sonst eher reservierte Queen Elizabeth II mochte ihre Freude zurückhalten, als England, das Mutterland Fußballs, 1966 zum ersten (und bislang einzigen) Mal Weltmeister wurde. Aber während im Wembley-Stadion ausgelassene Feierstimmung herrschte und landauf, landab Tausende Menschen jubelnd durch die Straßen zogen, gab es einen Mann, der die Ruhe selbst war: Alf Ramsey, Kopf des größten englischen Triumphs, lächelte freundlich, blieb aber gentlemanlike auf der Bank sitzen. Englands Trainer war kein Mann großer Worte.

13. Dezember

»Who's that fucking Dieter Eilts«, fragte ein britischer Reporter, als bei der EM 1996 das erste Vorrundenspiel gegen Tschechien gelaufen war. Kein Mensch kannte diesen stets etwas wortkargen Spieler von Werder Bremen, der am 13. Dezember 1964 das Licht der Welt erblickt hatte. Nach den Titelkämpfen kannte ihn jeder. Sechser oder auch Staubsauger, als es diese Begriffe noch gar nicht gab, interpretierte der Mann die im modernen Fußball so wichtige Figur vor der Abwehrreihe bereits stilgebend: lauf- und kampfstark und mit dem strategischen Geschick gesegnet, die Räume zuzustellen.

21. Januar

Am 21. Januar 1996 spielte
Brasilien in Mexiko und unterlag
mit 0:2. Okay, Siege gegen den
Rekord-Weltmeister sind immer
etwas Besonderes, vor allem in
Süd- und Mittelamerika, wo die
Rivalität besonders ausgeprägt
ist. Doch bei dieser Begegnung
kam noch dazu, dass die »Sele-
cao« zuvor 36 Mal ungeschlagen
geblieben war. 30 Siege und
sechs Unentschieden, das bedeutete einen neuen Weltrekord,
irgendwann hatten die Gegner
den Eindruck, dieser Gegner sei
unverwundbar. Stimmte aber
nicht, auch Brasilianer sind
Menschen aus Fleisch und Blut.

14. Dezember

Die Szene ist symptomatisch: Bodo Illgner reißt triumphierend die Faust seiner linken Hand in den Nachthimmel über Turin und wartet, bis die Woge der auf ihn zustürmenden Kollegen über ihm zusammenbrechen wird, während nur wenige Meter neben ihm der Spieler in Weiß gesenkten Hauptes davontrottet: Chris Waddle (geboren am 14. Dezember 1960) hat den entscheidenden Elfmeter verschossen, es ist das Ende des dramatischen Halbfinals bei der WM 1990 in Italien. Im Mutterland des Fußballs bezeichnen sie das Elfmeterschießen mittlerweile als »English Desease« (Englische Krankheit).

20. Januar

Sir Alexander Matthew »Matt«
Busby (26. Mai 1909 – 20. Januar
1994) gilt als einer der bedeutendsten Trainer der englischen
Fußballgeschichte. Er begründete
den Aufstieg von Manchester
United. Tragische Berühmtheit
erlangten die »Busby Babes«,
die am 7. Februar 1958 beim
Rückflug von Belgrad nach einer
Zwischenlandung in München
bei einem Flugzeugabsturz ums
Leben kamen. Acht Spieler starben in den brennenden Flug-
zeugtrümmern. Bobby Charlton,
der die Katastrophe genau wie
Matt Busby überlebte, sagte
über seinen Mentor: »Er hat
München nie vergessen. Irgendwie fühlte er sich verantwortlich.«

15. Dezember

Als Fußballer ist Jean-Marc Bosman nie zu großer Berühmtheit
gelangt, und doch kennt seinen
Namen jedes Kind, weil der
Belgier das Transfersystem im
europäischen Fußball zum Ein-
sturz brachte. Am 15. Dezember
1995 verkündete der Europäische
Gerichtshof jene Entscheidung,
die als »Bosman-Urteil« in die
Geschichte eingeht: Profis dürfen
ihren Arbeitgeber nach Ablauf
ihres Vertrages frei wählen, der
abgebende Verein darf keine
Ablösesumme verlangen.
Bosman hatte geklagt, um
seinen Klub Standard Lüttich
verlassen zu können, und
bekam Recht.

19. Januar

Zwischen 1979 und 1988 holte der BFC Dynamo Berlin zehn Meisterschaften in Folge. Auf der Bank saß Jürgen Bogs (geboren am 19. Januar 1947). Bogs wurde trotz dieser unglaublichen Erfolgsserie in seinem Job nicht glücklich. Dynamo galt nämlich als das Lieblingskind des Regimes, was zur Folge hatte, dass es immer dann, wenn es eng wurde, günstige Schiedsrichterentscheidungen gab. Zumindest war das der gängige Vorwurf. Bogs' Konter: »26 Spiele in einer Saison in der DDR-Oberliga kannst du nicht verschieben. Wir hatten zu dieser Zeit die fußballerisch beste Mannschaft.«

16. Dezember

Herbert Zimmermann (geboren am 29. November 1917, gestorben am 16. Dezember 1966) hat sich durch eine Reportage unsterblich gemacht. »Sechs Minuten noch im Wankdorf-Stadion in Bern. Keiner wankt. Der Regen prasselt unaufhörlich hernieder. (…) Jetzt Deutschland am linken Flügel durch Schäfer, Schäfers Zuspiel zu Morlock wird von den Ungarn abgewehrt, und Bozsik, immer wieder Bozsik (…) hat den Ball verloren diesmal, gegen Schäfer – Schäfer nach innen geflankt – Kopfball – abgewehrt – aus dem Hintergrund müsste Rahn schießen – Rahn schießt! – Toooooor! Tooooor! Tooooor! Tooooor!«

18. Januar

Josep »Pep« Guardiola (geboren am 18. Januar 1971) sammelt Trophäen wie kein Zweiter. Auf 30 Titel als Spieler und Trainer summiert sich die einzigartige Kollektion mittlerweile. Der Katalane brachte das Kurzpassspiel des »Tiki Taka« zu einer nie gekannten Meisterschaft. »Barca« hatte den Ball, der Gegner hechelte hinterher. Seine Philosophie beschrieb Guardiola mal so: »Wir spielen so viel in der gegnerischen Teamhälfte wie möglich, weil ich Angst bekomme, wenn der Ball in unserer Hälfte ist. Ohne Ball sind wir ein schlechtes Team, deshalb möchte ich, dass wir ihn so schnell wie möglich zurückbekommen.«

17. Dezember

Der 17. Dezember 1967 schien erst mal kein einschneidendes Datum in der Geschichte des deutschen Fußballs zu sein. Klar, die DFB-Elf musste gewinnen, um sich für die EM in Italien zu qualifizieren, aber der Gegner in Tirana war das drittklassige Albanien. Doch die Mannschaft von Bundestrainer Helmut Schön schoss auf dem holprigen Platz des Nationalstadions kein einziges Tor und verpasste durch das 0:0 zum ersten und bisher einzigen Mal die Qualifikation für ein großes Turnier. Verschuldet hatten dies: Wolter, Patzke, Höttges, Schulz, Weber, Netzer, Held, Küppers, Meyer, Overath und Löhr.

17. Januar

Das erste Geisterspiel im deutschen Profifußball fand 2004 an einem bitterkalten Januarabend in Aachen zwischen der heimischen Alemannia und dem 1. FC Nürnberg statt. Es wurde als Wiederholungsspiel der 2. Bundesliga angeordnet, weil der Nürnberger Trainer Wolfgang Wolf im ersten Spiel von einem Wurfgeschoss am Kopf getroffen worden war. Die gespenstische Kulisse, in der jeder Ruf verhallte, war für alle Beteiligten gewöhnungsbedürftig. Außer für einen: »Was heißt hier Geisterspiel«, scherzte Aachens Spieler Ivica Grlic, »ich habe vorher bei Fortuna Köln gespielt, da waren nie viel mehr Zuschauer.«

18. Dezember

Als schlampiges Genie genoss
der Pfälzer Mario Basler (geboren
am 18. Dezember 1968 in Neu-
stadt an der Weinstraße) einen
legendären Ruf. Die Freistöße
des 30-maligen Nationalspielers,
der kein Weißbier und keine
Zigarette verschmähte, waren
europaweit gefürchtet. Als Lauf-
wunder galt Basler allerdings
nie. So urteilte Franz Beckenbauer
in einer Fernsehanalyse über
seinen ehemaligen Schützling:
»Das Beste an der ersten Halbzeit war, dass Mario Basler nicht
erfroren ist.«

16. Januar

In Zeiten, in denen Deutschlands Kicker als »Rumpel-Fußballer« verspottet werden, war er der Heilsbringer einer ganzen Nation. Ein Ausnahmetalent, wie es nur alle Jubeljahre geboren wird. Doch Sebastian Deisler (geboren am 5. Januar 1980 in Lörrach) wurde nicht glücklich. Die Gnade, herausragend mit dem Ball umgehen zu können, wurde zur Bürde, weil viel zu viele Erwartungen auf seine Schulter geladen wurden. Mit nur 27 Jahren beendete Sebastian Deisler am 16. Januar 2007 – gebeutelt von vielen Verletzungen und Depressionen – seine Karriere, die nie richtig Fahrt aufgenommen hatte.

19. Dezember

»Am Bosigplatz geboren« heißt eine Dokumentation über die Gründung von Borussia Dortmund: Am 19. Dezember 1909 trafen sich in einem Nebenraum der Gaststätte »Zum Wildschütz« rund 50 Jugendliche, um einen Fußballverein zu gründen. Zuvor hatten sie ständig Ärger mit der katholischen Jünglingssodalität gehabt, deren Vorsitzender, Kaplan Hubert Dewald, sich energisch gegen das »rohe« und »wilde Treiben« auf dem Fußballplatz zur Wehr setzte. Damit war nun Schluss, die jungen Männer machten ihr eigenes Ding. Namensgebend war das in der Gastwirtschaft ausgeschenkte Bier: Borussia.

15. Januar

Der Winter in der Hauptstadt kann echt grausam sein. Das dachten sich wohl auch die Fußballfans am 15. Januar 1966 und verweigerten kollektiv den Gang zum Stadion. Gerade mal 827 Zuschauer wollten die Partie Tasmania Berlin (im Bild) gegen Borussia Mönchengladbach sehen. Das bedeutet bis heute Minusrekord in der 1. Liga und wird es wohl auch bis in alle Ewigkeit bleiben. Die Verweigerer bewiesen ein gutes Näschen, es war nämlich nicht nur bitterkalt, sondern auch noch langweilig: Die Partie endete 0:0.

20. Dezember

Die Karriere des Robert Schlienz ist ein gutes Beispiel dafür, was mit Beharrlichkeit und Willen erreichbar ist: Der Stürmer des VfB Stuttgart hatte 1948 einen schweren Autounfall. Weil seine Mutter einen Tag zuvor verstorben war, kam er nicht rechtzeitig zum Mannschaftstreffpunkt und musste zum Pokalspiel gegen den VfR Aalen nachreisen. Auf der Fahrt überschlug sich sein Fahrzeug, Schlienz musste ein Arm amputiert werden, seine Karriere schien mit 24 beendet. Doch er kämpfte und legte auch mit Handicap eine tolle Karriere hin, die von zwei Meisterschaften und zwei Pokalsiegen mit dem VfB gekrönt wurde.

14. Januar

Am 14. Januar 1973 wurde
Otto Rehhagel zum ersten Mal in
seiner Trainerkarriere gefeuert.
Vom 1. FC Saarbrücken. Es sollte
nicht das letzte Mal gewesen sein.
In Dortmund wurde er nach der
Rekordniederlage von 0:12 gegen
Gladbach zu »Otto Torhagel«
und musste gehen. In Griechenland verehrten sie ihn als
»Rehakles«, als er das Team 2004
sensationell zum EM-Triumph
führte. Dazwischen lagen unver-
gessliche Jahre in Bremen und
beim 1. FC Kaiserslautern.
Über seine antiquierte Taktik in
Griechenland sagte er: »Modern
spielt, wer gewinnt.« Und über
seinen autoritären Führungsstil:
»Jeder darf sagen, was ich will.«

21. Dezember

Vittorio Pozzo benötigte ganze vier Jahre, um sich als Trainer unsterblich zu machen: 1934 und 1938 führte der »Vecchio Maestro« (alter Meister) die italienische Nationalmannschaft zum Gewinn von zwei Weltmeistertiteln, dazwischen lag der Gewinn der Goldmedaille bei den Olympischen Spielen 1936 in Berlin. Dabei gelang es Pozzo nicht nur, die erfolgreichste Mannschaft der ersten Hälfte des vorigen Jahrhunderts aufzubauen, er gilt zudem als zentrale Figur hinter den traditionellen italienischen Fußballtugenden: kühler Pragmatismus gepaart mit perfektionierter Präzision.

13. Januar

Von Jürgen Pahl blieb vor allem in Erinnerung, wie er sich an einem kalten Dezemberabend 1982 selbst den Ball ins Tor warf, als Eintracht Frankfurt in Bremen antrat. Jürgen Pahl nahm den Ball mit den Händen auf, schaute sich nach einer Anspielstation um und fand Ralf Falkenmeyer. »Aber der guckte plötzlich weg«, erinnert sich der Torhüter. Pahls rotierte weiter, seine Finger ließen den Ball zu spät los, und das Spielgerät flog ins eigene Tor. Die TV-Kameras hatten längst den Schwenk aufs Spielfeld getätigt. Von Pahls Eigentor gibt es keine bewegten Bilder.

22. Dezember

Bernd Schuster (geboren am 22. Dezember 1959) war begnadet und hätte mehr als 100 Länderspiele bestreiten müssen, wäre er nicht so unangepasst gewesen. So wurden es gerade mal 21 – lächerlich wenig für solch ein Jahrhunderttalent. Doch der »blonde Engel«, den sie in Barcelona und Madrid vergötterten, musste sich ja ständig mit seinen Trainern anlegen. Karl-Heinz Heddergott nannte er einen »Amateur«, Udo Lattek einen »Trinker« und Jupp Derwall einen Ahnungslosen. Was er draufhatte, zeigte er 1994 nach seiner Rückkehr in die Bundesliga: Seine Tore für Leverkusen waren eines schöner als das andere.

12. Januar

Am 12. Januar 2001 sagte Christoph Daum bei einer Pressekonferenz: »Ich gebe zu, dass ich (...) Kokain konsumiert habe.« Der Stein war ins Rollen gekommen, als Uli Hoeneß wenige Monate vorher erste Andeutungen in dieser Richtung gemacht hatte. Es begann eine bizarre Geschichte voller Kapriolen: Daum stellte Strafanzeige gegen Hoeneß wegen Verleumdung, stimmte einer Haarprobe zu, die einen positiven Befund ergab, floh nach Florida und kehrte zurück, um reinen Tisch zu machen. Der Leumund des ehemaligen Trainer-Gurus war endgültig dahin.

23. Dezember

Als der Fußball laufen lernte, war es noch leicht, Rekorde aufzustellen. So wie der von Willy Baumgärtner (geboren am 23. Dezember 1890 in Berlin, gestorben am 16. November 1953 in São Paulo): Der Linksaußen absolvierte von März 1909 bis April 1910 vier Länderspiele ohne Unterbrechung und war damit der erste Rekordnationalspieler des DFB. Besonders erfolgreich war er dabei nicht, die Partien gegen die Schweiz (3:5, erstes Länderspiel der DFB-Geschichte), England (1:5), Österreich (2:3) sowie erneut gegen England (0:9) gingen allesamt verloren.

11. Januar

»Ne Vosse muss isch han«, sagte Borussia Mönchengladbachs legendärer Trainer Hennes Weisweiler, als er den damals 18-jährigen Winfried Schäfer (geboren am 10. Januar 1950) beim TuS Mayen in der Eifel entdeckte. Was der Rheinländer meinte: Einen Rotschopf mit dessen Temperament in der Mannschaft zu haben, sei ihm wichtig. Am 11. Januar 1969 machte der Rote beim Heimspiel gegen Borussia Dortmund sein erstes Bundesligaspiel und war seitdem nicht mehr aus der Mannschaft wegzudenken. Schäfer hielt, was sich Weisweiler von ihm versprochen hatte.

24. Dezember

Zum heiligen Abend noch ein paar klerikale Worte: »Toni, du bist ein Fußballgott.« Gesprochen hat sie Herbert Zimmermann in jener unvergleichlichen Reportage, die das Wunder von Bern erst zu dem gemacht hat, was die Nachwelt mit diesem zum Mythos verklärten Spiel verbindet. Toni Turek machte beim WM-Finale ein überragendes Spiel und sorgte auch dafür, dass der krasse Außenseiter aus Deutschland das Wunderteam aus Ungarn schlagen konnte. So weit, so gut. Aber ein Überirdischer war der in Duisburg geborene Keeper nicht.

10. Januar

Der 10. Januar 1988 ist ein bedeutsames Datum im Leben des
Jürgen Sparwasser. Der legendäre
Stürmer des 1. FC Magdeburg
haute aus der DDR ab, er wollte
sich vom Regime nicht mehr
drangsalieren lassen: »Die Spar-
wassers sind nun mal keine
Marionetten oder fremdbestimm-
ten Hampelmänner«, sagte er
Jahre später im Interview mit
der »Welt«. Ausgerechnet Sparwasser ein Republikflüchtling,
jener Mann, der für den größten
Moment in der Geschichte des
DDR-Fußballs gesorgt hatte
(siehe 22. Juni). Auf das Tor
gegen die DFB-Auswahl wird
er auch heute noch beinahe
täglich angesprochen.

25. Dezember

An einem eiskalten Winterabend im Dezember 1997 machte sich Jens Lehmann unsterblich. Nicht nur bei den Fans des FC Schalke 04, sondern auch darüber hinaus, schließlich schrieb der Torhüter Bundesliga-Geschichte: Beim Revierderby in Dortmund stand es kurz vor dem Abpfiff 2:1 für die Gastgeber, als Lehmann, der später selbst das Dortmunder Trikot tragen sollte, seinen Kasten verließ und in den gegnerischen Strafraum eilte. Eine Ecke von Olaf Thon wurde verlängert und landete genau auf dem Kopf des Keepers, der kühl vollstreckte. Es war der erste Treffer eines Torhüters aus dem Spiel heraus.

9. Januar

Am 9. Januar 1955 endete die ungarische Meisterschaft mit dem Spitzenspiel der beiden Hauptstadtklubs Honved Budapest und Vösös Lobago, das zu einem mitreißenden Schlagabtausch wurde und 9:7 ausging. Auf beiden Seiten standen die besten Stürmer jener Zeit, während die beiden Stammtorhüter sowie einige Verteidiger verletzt zuschauen mussten. Das Spektakel war die letzte Darbietung der ungarischen Fußballkunst. 1956 setzten sich Puskas, Czibor und Koscis, die beim 9:7 sämtliche Treffer für Honved markiert hatten, ab: Puskas zu Real Madrid, Czibor und Koscis zum FC Barcelona.

26. Dezember

Rico Steinmann (geboren am 26. Dezember 1967 in Karl-Marx-Stadt) galt als das letzte große Versprechen des DDR-Fußballs. Der Techniker stand in jener Elf, die im November 1989 in Wien das letzte Pflichtspiel für die sich im Untergang befindliche DDR absolvierte. Das Team steckte zum Abschluss der WM-Qualifikation nach drei Treffern von Toni Polster eine empfindliche 0:3-Klatsche ein, was unter anderem daran lag, dass Trainer Ede Geyer mit vielen Absagen zu kämpfen hatte. Die Spieler hatten Besseres zu tun, es ging darum, einen der begehrten und hoch dotierten Verträge im Westen zu ergattern.

8. Januar

Als Spieler von Atletic Bilbao und Atletico Madrid war Andoni Goikoetxea für seine äußerst brutale Spielweise berüchtigt. Die britische Zeitung »Times« setzte ihn 2007 in einer Liste der 50 härtesten Spieler der Fußballgeschichte auf den ersten Platz, genau wie sechs Jahre später das deutsche Fußballmagazin »11 Freunde«. Der Verteidiger trat Diego Armando Maradona das Wadenbein, ein Außenband und das Fußgelenk durch, die argentinische Fußball-Legende musste vier Monate aussetzen. Schlimmer erwischte es Bernd Schuster. Der war nach einem Goikoetxea-Tritt fast ein Jahr lang zum Zuschauen verdammt.

27. Dezember

Man mag es kaum glauben, aber dieser Mann ist nicht auf Kohle geboren, sondern mitten im bayerischen Wald: Klaus Fischer erblickte am 27. Dezember in einem Örtchen namens Kreuzstraßl bei Lindberg im Landkreis Regen das Licht der Welt. Irgendwie verrückt, denn nach Szepan und Kuzorra wird kaum ein Fußballer so sehr mit dem FC Schalke 04 identifiziert wie dieser Mittelstürmer, dessen Markenzeichen seine wunderschönen Fallrückzieher waren. Fischer war ein begnadeter Goalgetter mit Torgarantie, kam aber für seine üppigen Möglichkeiten auf lediglich 45 Länderspiele.

7. Januar

Zeit seines Lebens stand Dieter Hoeneß (geboren am 7. Januar 1953) im Schatten seines Bruders Uli, obwohl auch er ein erfolgreicher Mittelstürmer war, der für die Bayern und in der Nationalmannschaft auflief. Zu Ewigkeitsstatus gelangte Dieter beim Pokalfinale 1982, als er nach einem Zusammenprall mit seinem Gegenspieler Alois Reinhard blutüberströmt behandelt wurde und trotzdem weiterspielte. Der Turban hielt Einzug ins kollektive Fußball-Gedächtnis. Die Bayern drehten den 0:2-Rückstand, und Dieter Hoeneß markierte den 4:2-Siegtreffer. Mit dem Kopf.

28. Dezember

Am 28. Dezember 1965 wurde
der FC Hansa Rostock gegründet,
indem sich die Fußballabteilung
vom Gesamtverein Empor
Rostock abspaltete. Die ganz
große Nummer war der Verein
aus Vorpommern nie, im DDR-
Fußball stand er stets im Schatten
der übermächtigen Dynamos
aus Berlin und Dresden. Immerhin können die Rostocker für
sich in Anspruch nehmen, in der
Saison 1990/1991 die letztmals
ausgespielte Meisterschaft und
den Pokal in einem Land gewonnen zu haben, das es fortan
nicht mehr gab. Mittlerweile
tummelt sich der Klub in den
Niederungen zwischen zweiter
und dritter Liga.

6. Januar

Walerij Lobanowski (geboren am 6. Januar 1939) redete zwar kaum, doch er durchdrang das Spiel wie kaum ein Zweiter. 1967 tat er sich in Kiew mit dem Physik-Professor Anatoli Zelentsow zusammen, um das Spiel elf gegen elf nach wissenschaftlichen Kriterien zu durchleuchten. Computer wurden mit riesigen Datenbanken gefüttert, nichts blieb dem Zufall überlassen. Die Zahl der Titel mit Dynamo Kiew spricht für sich: acht Mal Meister in der UdSSR, vier Mal in der Ukraine, zwei Mal Gewinner des Europapokals der Pokalsieger und ein Sieg im europäischen Supercup 1975 gegen Bayern München.

29. Dezember

Als eine deutsche Auswahl im
Dezember 1898 gegen ein fran-
zösisches Team zuerst mit 7:0
und nach einem ausgedehnten
nächtlichen Zug durch die
Gemeinde am Tag darauf mit 2:1
gewann, kabelte ein Beobachter
in die Heimat: »Seiner Majestät
dem deutschen Kaiser in Pots-
dam unterbreiten die Vertreter
der maßgebenden Vereine des
deutschen Fußballsports unter-
tänigst die gehorsamste Mit-
teilung, dass heute in Paris zum
ersten Mal eine aus allen deutschen Gauen zusammengesetzte
Fußballmannschaft über einen
hervorragenden französischen
Fußballverein einen Sieg von 7:0
errungen hat.«

5. Januar

Niemand hat im deutschen Fußball so sehr polarisiert wie Uli Hoeneß (geboren am 5. Januar 1952): als pfeilschneller Stürmer Weltmeister 1974 und derjenige, der im EM-Finale 1976 den entscheidenden Elfmeter vergab, als Manager des FC Bayern derjenige, der den Klub zur Weltmarke formte und ihm gleichzeitig das Image verschaffte, arrogant und neureich zu sein, als Privatmann Gönner und Mahner sowie Hinterzieher von zig Steuermillionen, wofür er hinter Gitter musste.

30. Dezember

Knorrig, unnahbar, verbittert: Das Image, das Berti Vogts (geboren am 30. Dezember 1946 in Kaarst am Niederrhein) vorauseilte, hätte kaum schlimmer sein können. Als knallharter Außenverteidiger erwarb sich Vogts bei Borussia Mönchengladbach den Spitznamen »Terrier«, als Bundestrainer führte er die deutsche Nationalmannschaft zum EM-Titel 1996. Und siehe da, der Mann hatte durchaus auch Humor, wie das folgende Bonmot beweist: »Sex vor dem Spiel? Das können meine Jungs halten, wie sie wollen. Nur in der Kabine, da geht nichts!«

4. Januar

Dass Toni Kroos (geboren am
4. Januar 1990) einen tollen
Schuss, eine super Technik und
vor allem begnadete strategische
Fähigkeiten hat, war bereits klar,
als er noch ein Teenager war.
Doch würde das reichen, um
eine Weltkarriere hinzulegen,
so ruhig und zurückhaltend, wie
Kroos war? Klar doch, beim
Gewinn der WM 2014 war er ein
Schlüsselspieler, eine Entwick-
lung, die Co-Trainer Hansi Flick
hatte kommen sehen. Belustigt
stellte er fest: »Wir sind absolut
zufrieden mit Toni. Er hat
eine absolut professionelle
Einstellung. Er geht jetzt auch
jeden Morgen zum Frühstück –
unaufgefordert.«

31. Dezember

Sir Alex Ferguson (geboren am 31. Dezember 1941) war ein Getriebener, der Fußball mit jeder Faser seines Körpers lebte und dabei auf niemanden Rücksicht nahm. Als Trainer bei Manchester United holte er 38 Titel. Als der Sportchef des Daily Mirror fragte, ob er das angespannte Verhältnis des Blattes zu ihm normalisieren könne, blaffte Ferguson: »Ja, das können Sie, indem Sie sich ins Knie ficken und sterben.« Legendär ist auch der Satz, den Ferguson nach dem Last-Minute-Sieg im Champions-League-Finale gegen die Bayern stammelte (siehe 26. Mai): »Ich kann es nicht glauben. Fußball, verdammte Hölle!«

3. Januar

Reiner Calmund brachte beim zuvor als »Pillenklub« verspotteten Werksverein Bayer Leverkusen Zirkusluft in die Manege. Ein kleines Best-Of von Calis Sprüchen: »Bevor wir 15 oder 20 Millionen für einen Torwart ausgeben, stelle ich mich lieber selbst ins Tor.« »Die Dortmunder Borussen sind Jammertitten.« »Wer jetzt noch von der Meisterschaft redet, der muss ein Diplom von der Schule für Traumtänzer kriegen.« Und, nachdem Thierry Henry die Leverkusener Hintermannschaft rundgespielt hatte: »Zum Schluss mussten wir Markus Happe einen Kompass geben, damit er den Weg in die Kabine findet.«

Ebenfalls erhältlich …

ISBN 978-3-86245-219-4

ISBN 978-3-86245-220-0

www.geramond.de

2. Januar

Ingo Anderbrügge (geboren am 2. Januar 1964 in Datteln im Ruhrgebiet) gehört zu jener speziellen Spezies von Fußballern, die es bei den beiden sich in so inniger Abneigung zugetanen Revierklubs Borussia Dortmund und Schalke 04 geschafft haben. Nach seiner Karriere trat Anderbrügge noch im American Football als Kicker für Rhine Fire Düsseldorf in Erscheinung. Ein Rechengenie war der gute Mann allerdings nie, wie folgendes Zitat aus seiner Schalker Zeit vermuten lässt: »Das Tor gehört zu 70 Prozent mir und zu 40 Prozent dem Wilmots.«

Impressum

Verantwortlich: Martin Distler
Bildauswahl und Texte: Felix Meininghaus
Schlusskorrektur: Monika Paff
Layout: Elke Mader
Repro: LUDWIG:media
Herstellung: Anna Katavic

Gesamtherstellung: GeraNova Bruckmann Verlagshaus GmbH

Sind Sie mit diesem Titel zufrieden? Dann würden wir uns über Ihre Weiterempfehlung freuen. Erzählen Sie es im Freundeskreis, berichten Sie Ihrem Buchhändler, oder bewerten Sie bei Onlinekauf. Und wenn Sie Kritik, Korrekturen oder Aktualisierungen haben, freuen wir uns über Ihre Nachricht an den Bruckmann Verlag, Postfach 40 02 09, D-80702 München oder per E-Mail an lektorat@verlagshaus.de.

Unser komplettes Programm finden Sie unter

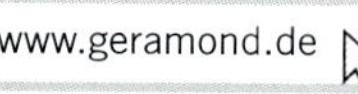

Alle Angaben dieses Werkes wurden vom Autor sorgfältig recherchiert und auf den neuesten Stand gebracht sowie vom Verlag geprüft. Für die Richtigkeit der Angaben kann jedoch keine Haftung übernommen werden.

Die Deutsche Nationalbibliothek verzeichnet diese Publikation in der Deutschen Nationalbibliografie; detaillierte bibliografische Daten sind im Internet über http://dnb.d-nb.de abrufbar.

Alle Fotos auf dem Einband und im Innenteil: © dpa Picture-Alliance
Hintergrundbild in Farbe und s/w: © Fotolia/naito8

1. Januar

Lilian Thuram (geboren am 1. Januar 1972) ist Rekord-Nationalspieler Frankreichs, wurde Weltmeister 1998 und Europameister 2000, und er ist auch ein kluger Mann, der sich gegen Rassismus engagiert: »Der Fußball kann gesellschaftliche Verhältnisse hinterfragen. Weil er ein Ort ist, wo Menschen das Wort gegeben wird, die es sonst nie bekommen; viele Fußballer kommen aus benachteiligten Gesellschaftsschichten«, zitierte ihn die »Süddeutsche Zeitung«.